Recettes d'architecte

Verrières et vérandas

Marie-Pierre Dubois Petroff

massin
16-18, rue de l'Amiral-Mouchez
75686 Paris Cedex 14
Téléphone : 01 45 65 48 48

Le choix d'une véranda n'est pas anodin car même si on lui attribue souvent le rôle fonctionnel d'une extension, elle garde une valeur symbolique importante. Ses façades vitrées offrent une relation différente avec l'extérieur et engendrent un comportement thermique parfois difficile à gérer. Née du concept de la serre botanique, la véranda a beaucoup évolué pour offrir un confort d'habitation correspondant aux exigences actuelles. Créée dans un premier temps pour offrir un lieu de vie saisonnier, elle devient peu à peu un espace d'habitation à part entière dont l'intégration ne se fait pas sans soulever quelques difficultés conceptuelles qui exigent une compétence indiscutable. En effet, si une véranda bien conçue est un havre de paix, une bulle protectrice entre l'intérieur et l'extérieur, elle devient vite invivable l'hiver ou en plein été quand elle est mal implantée ou mal orientée. Lieu de vie chargé de symbolisme, la véranda génère bien souvent un nouvel art de vivre et dépasse largement le cadre du bel objet décoratif.

De la serre botanique à la véranda d'habitation

Tour à tour mis en évidence et oublié, l'effet de serre déjà exploité par les Romains, tombe dans l'oubli puis attend la Renaissance pour être péniblement redécouvert. Les premiers abris (créés pour faire pousser les plantes exotiques rapportées par les grands voyageurs) sont entièrement maçonnés, peu vitrés et chauffés par un poêle. On y "serre" les plantes, d'où le nom de serre. Les jardiniers chercheurs s'aperçoivent rapidement que la lumière leur est indispensable et qu'une chaleur se forme entre la paroi vitrée et le dernier mur maçonné préservé. Quelques perfectionnements (orientation optimale, ventilation, stockage de la chaleur, occultation nocturne des vitrages...) donnent naissance à la serre botanique. C'est la découverte des facultés de l'acier qui provoque son développement au XIXe siècle. Parfois monumentale comme le Cristal Palace construit à Londres en 1851, symbole spectaculaire de l'architecture de fer, elle devient aussi un signe extérieur de réussite sociale que les hommes importants comme les femmes élégantes se doivent de posséder. Devenus des éléments de base dans l'architecture de grandes villes comme Bruxelles, Saint-Pétersbourg, Vienne, ou Berlin, ces jardins d'hiver doivent leur déclin à celui des familles qui les entretenaient et aux deux dernières guerres qui achèvent le travail. L'architecture de la reconstruction, internationale et fascinée par la technologie, utilise bientôt le verre comme un simple matériau transparent mais néglige totalement l'effet de serre qu'il est capable de créer. La régression est telle qu'il faudra commettre bon nombre d'erreurs avant de redécouvrir le caractère indispensable de simples protections solaires... Disparue de l'architecture "officielle", la serre poursuit son histoire à travers l'architecture domestique et anonyme, celle du quotidien et du vécu. Donnant à vivre entre le dedans et le dehors, elle en devient un élément important dont l'esthétique et le fonctionnement thermique sont malheureusement souvent négligés. Aujourd'hui, les vérandas sont avant tout de beaux objets, au prix d'un confort parfois approximatif. Après tant d'errements, il est peut-être temps d'exploiter judicieusement cet effet de serre qui fait tant fait parler de lui, afin d'offrir à la véranda le confort qu'elle mérite...

Chaque véranda doit être unique

Conçue dans la majorité des cas pour agrandir une maison, la véranda doit s'adapter à des conditions définies par l'existant : fonctionnement intérieur du logement, climat, exposition aux vents, orientation solaire... Elle n'est pas implantée de façon

optimale en tenant compte des données climatiques et géographiques, mais doit s'adapter à la situation imposée par le bâtiment existant. Bon nombre de vérandas se retrouvent ainsi implantées de façon incohérente, tournées vers le nord ou exposées à des vents violents. Il ne s'agit pas de remettre en question cette façon de procéder qui correspond à une réalité : la véranda faisant rarement partie du projet global de la maison et sa conception intervenant dans un second temps, c'est à elle de s'adapter à l'implantation qui lui est offerte. La connaissance de son fonctionnement thermique devient alors indispensable, car elle permet d'évaluer les inconvénients de la situation et de concevoir un projet adapté. Tout problème porte en lui sa solution… Ce qui garantit la réussite d'une véranda aujourd'hui, c'est sa capacité d'adaptation. C'est pourquoi la véranda-type n'existe pas. Les conditions locales déterminent le projet, l'implantation et la forme, qui conditionnent à leur tour le fonctionnement thermique. Chaque cas nécessite une étude particulière tenant compte à la fois du lieu et de l'affectation attribuée. La création d'une véranda doit être envisagée comme une vraie démarche architecturale méritant autant de soins et de compétence que n'importe quel projet.

Vers quels professionnels se tourner ?

Tout dépend du style de véranda recherché. En bois et en acier, elle reste le domaine réservé des artisans dont le savoir-faire se transmet souvent de génération en génération. Il n'existe pas de réseaux de distribution de vérandas en bois ou en acier comme c'est le cas avec l'aluminium, et leur caractère artisanal explique en partie leur faible part du marché et leur coût supérieur (la seconde raison expliquant aussi la première…). Ces vérandas sont effectivement plus chères que les vérandas en aluminium, mais elles sont aussi plus créatives, plus personnalisées et souvent mieux conçues car elles bénéficient d'une longue expérience. La véranda en aluminium, très majoritaire sur le marché, souffre d'une dépréciation liée à la profusion de "vérandalistes" dont les compétences sont parfois discutables. Ces "débiteurs" de profils en aluminium produisent le plus souvent des appendices vitrés qui n'ont de véranda que le nom et dont le fonctionnement thermique est totalement négligé. Ces soi-disant professionnels de la véranda portent un tort considérable aux véritables professionnels de l'aluminium, créateurs de nombreuses vérandas très bien conçues. Avant de choisir l'entreprise qui va concevoir et construire votre projet, renseignez-vous, demandez à voir des réalisations. Ne vous contentez pas de photos et n'hésitez pas à solliciter des visites chez d'anciens clients. Si l'entreprise est sérieuse et fiable, elle n'hésitera pas à faire cette démarche et sera même fière de vous montrer son travail. Vous aurez, de votre côté, l'avantage de ressentir "de l'intérieur" le vécu de différentes vérandas. C'est toujours instructif… Enfin, l'implantation d'une véranda ayant un impact sur la façade de la maison et sur son fonctionnement intérieur, il peut s'avérer très utile de faire appel à un architecte qui aura une vision globale du projet et travaillera en collaboration avec le spécialiste. Une véranda a un coût non négligeable, certes, mais elle apporte aussi des mètres carrés supplémentaires plus économiques et plus séduisants que ceux d'une construction classique. La plus-value est assurée !

Vérandas, verrières et style de vie

Un sommaire thématique se trouve également sur le rabat à la fin du livre

La véranda adossée

Souvent créée pour agrandir une maison, la véranda adossée s'y accole en tenant compte d'un fonctionnement existant. Elle doit ainsi être pensée en fonction d'une implantation,

ou d'une orientation, parfois inadaptée. Conçue après le bâtiment principal, elle a quelquefois du mal à s'intégrer, et risque d'apparaître comme une pièce rapportée.

La toiture en verre s'enrichit d'un lanterneau qui se couvre de canisses à la belle saison pour filtrer les rayons du soleil. La vision de l'extérieur est totale et s'effectue en toute sécurité grâce à un vitrage en verre feuilleté.

Cette spacieuse véranda de 70 m² s'accole à la maison d'origine pour offrir un nouveau lieu de vie ouvert sur le jardin. Réalisée au niveau du rez-de-chaussée existant, elle est à l'abri des intempéries. Son harmonie avec la maison est confortée par la reprise de sa couleur sur les volets.

IMPLANTATION

La véranda adossée

Par définition, la véranda adossée est une pièce rapportée. Souvent conçue pour agrandir la maison, elle s'implante en fonction d'un existant dont le vécu est déterminant. Elle doit s'adapter à un style, à des matériaux et à des ouvertures qui influencent sa conception, et le choix de son orientation est le plus souvent contraint par la logique d'organisation du logement.

Une implantation sous influence

La réalisation d'une véranda adossée intervient en général après la construction de la maison et ne fait donc pas partie du projet initial. Elle est le fruit d'un désir d'agrandissement et d'ouverture vers l'extérieur et doit répondre à un programme d'agencement précis : il s'agit d'additionner une pièce de vie à la maison, d'agrandir le séjour, de créer une salle à manger, ou une cuisine. Les projets sont divers, mais c'est toujours l'organisation existante de la maison qui détermine l'implantation de la future véranda. Malheureusement, cet état de fait conduit parfois à des orientations inadaptées à son fonctionnement et susceptibles d'en contrarier le vécu. Tournée vers le nord, une véranda peut devenir inhabitable en hiver, de même qu'orientée plein sud elle se transforme en fournaise l'été, d'autant plus si elle est située dans une région ensoleillée. Il convient donc de s'adapter à la situation existante en choisissant des solutions adéquates.

Un pouvoir d'adaptation relatif

Une véranda ne se comporte pas comme un bâtiment classique. L'importance de ses surfaces vitrées détermine en effet un comportement thermique différent. Elle emmagasine le jour beaucoup de chaleur qu'elle restitue la nuit, vers la maison ou vers l'extérieur, en fonction de sa conception. Selon les orientations à corriger, c'est l'entrée ou la sortie de chaleur qu'il est utile de maîtriser. Une toiture opaque est parfois une bonne solution pour limiter l'échauffement intérieur excessif (comme la fuite de chaleur la nuit), de même que vitrages spéciaux, stores et protections peuvent intercepter les rayons du soleil avant qu'ils ne pénètrent à l'intérieur. La ventilation est plus que jamais indispensable et s'enrichit avantageusement d'une climatisation. A l'inverse, il se peut que l'implantation impose de limiter les pertes de chaleur. Une orientation au nord risque facilement de transformer la véranda en une véritable glacière l'hiver. La chaleur qu'elle emmagasine le jour doit à tout prix être contenue dans l'espace intérieur dès la tombée de la nuit par la dissimulation des parois vitrées. Doubles vitrages et verres spécifiques sont là aussi les bienvenus, tandis que le chauffage devient indispensable pour rendre la véranda habitable toute l'année. Dans certains cas de température extrême, la véranda peut devenir un désavantage pour le confort de la maison et une séparation peut alors se révéler indispensable.

Initialement refermée sur elle-même, comme toutes les maisons du début du XXe siècle, cette vaste demeure s'est ouverte sur son jardin grâce au rajout de deux vérandas. Ces dernières s'accolent au bâtiment d'origine et révèlent une complète restructuration des espaces intérieurs. Concernant respectivement la cuisine-coin repas et le séjour, elles sont reliées par un espace tampon, à la fois sas entre l'extérieur et l'intérieur et nouvelle circulation intérieure.

Des travaux de maçonnerie plus lourds

Selon les cas, l'implantation d'une véranda adossée peut supposer des travaux de maçonnerie importants. En effet, pour mieux se raccorder au fonctionnement existant, il est parfois utile d'ouvrir le mur contre lequel elle s'accole (même si une fermeture mobile est prévue). Ce mur étant a priori un mur de façade, il s'agit d'un mur porteur dont la démolition ne se fait pas sans la mise en place d'une poutre (le plus souvent un IPN métallique) en appui sur deux poteaux latéraux. Le portique ainsi réalisé remplace le rôle porteur du mur manquant. Ces travaux sont assez lourds et parfois difficiles à gérer lorsque la maison est habitée. Une bonne solution consiste à réaliser l'extension et à ouvrir le mur dans un second temps, ce qui évite d'exposer la maison à tout vent.

Adossée sur toute la largeur de la maison, la véranda offre à celle-ci un cachet jusqu'alors inexistant. Structure de bois et murets de pierre créent une harmonie qui ne demande qu'à être prolongée sur la façade.

Double niveau pour cette véranda au caractère affirmé. Son rouge bordeaux s'harmonise parfaitement avec le coloris des volets de la façade, contre laquelle elle s'accole pour créer une extension à deux niveaux.

Implantée contre le pignon de la maison, la véranda en rotonde offre une nouvelle perspective sur le jardin. Son orientation à l'ouest lui offre un ensoleillement d'après-midi, modéré en été par le feuillage des arbres voisins.

Les matériaux de couverture

La toiture d'une véranda est essentielle, car déterminante à la fois de son style et de son confort. Le plus souvent transparente ou translucide, elle gagne parfois à être couverte de tuiles traditionnelles, afin d'offrir une meilleure isolation. Chaque matériau a des avantages et des inconvénients qui conditionnent leur choix en fonction du projet, de son implantation, de son orientation et du budget.

Le verre

Sa transparence est sa première qualité car, grâce à elle, l'espace de la véranda est ouvert sur le ciel et la nature. Inaltérable, c'est le matériau noble par excellence, mais il doit impérativement être feuilleté lorsqu'il se trouve en toiture. Composé de glaces additionnées d'un ou plusieurs films PVB, le verre feuilleté constitue une garantie essentielle contre les bris de glace consécutifs à des chutes d'objets ou à des tentatives d'effraction, le film PVB maintenant le verre brisé en place. La spécificité d'un verre feuilleté s'exprime sous la forme XX.Y, les X indiquant l'épaisseur de chaque vitrage et le Y la quantité de films PVB inclus. Ainsi, un vitrage feuilleté 44.1 est composé de deux vitres de 4 mm d'épaisseur et d'un film PVB. Attention, lorsque le verre feuilleté est intégré dans un double vitrage, il se trouve obligatoirement sur sa face intérieure, afin de retenir les morceaux de verre brisé de la face supérieure. Des verres spécifiques peuvent entrer dans la composition d'un verre feuilleté. Parmi eux, des verres à isolation thermique renforcée qui, selon leurs qualités, réduisent les déperditions de chaleur (ce qui est intéressant pour une orientation au nord) ou limitent les entrées directes de l'énergie solaire (adaptés à des orientations sud et ouest).

Le verre synthétique

Plus léger que le verre (de 3 à 6,5 kg par mètre carré), le verre synthétique nécessite une structure moins importante. Souple, il s'adapte bien aux toitures courbes, aux voûtes et aux coupoles, et se met en forme à froid. Il a l'apparence et la

Les panneaux de cette toiture de véranda au style ancien sont réalisés en verre armé. Ce verre coulé, dans lequel est incorporé un treillis métallique, s'adapte à de nombreuses applications. En cas de bris, le treillis métallique maintient les morceaux de verre en place.

Véranda mixte pour cette extension conçue dans le respect de l'existant. D'anciennes tuiles régionales couvrent la toiture, tandis que portes et fenêtres sont aussi de récupération. Une réalisation très récente qui semble pourtant appartenir à la maison depuis toujours.

transparence du verre et se présente en plaques pleines de 2 à 12 mm d'épaisseur. On distingue les polyméthacrylates, comme le Plexiglas ou l'Altuglas, dont la transmission lumineuse est de l'ordre de 98 %, des polycarbonates réputés incassables. Un traitement anti-ultraviolets préserve leur transparence au fil du temps. Ils sont en général plus économiques que le verre, mais leur coût varie en fonction des traitements spécifiques et des épaisseurs des vitrages (en moyenne de 6 à 8 mm pour une toiture).

Les plaques alvéolaires

Composées de verre synthétique, elles se présentent sous forme de plaques translucides, disponibles dans des épaisseurs variant de 10 à 32 mm. En clair ou en blanc opalescent, ces plaques alvéolaires apportent une lumière diffuse et constituent une bonne solution lorsque la vision de l'environnement extérieur n'est pas prioritaire. On considère en général que la version opalescente est plus lumineuse et moins éblouissante que la version claire. Ces panneaux, existant en simple, double, triple ou quadruple parois, ont des performances très variables vis-à-vis de l'isolation. Jusqu'à 25 mm, on estime que l'épaisseur n'est pas compatible avec une utilisation permanente de la véranda. La première épaisseur admissible dans ce cas est 32 mm pour un panneau composé de quatre parois formant un triple matelas d'air. Des traitements particuliers peuvent améliorer les qualités de ces panneaux, parmi lesquels l'addition d'un film métallisé réfléchissant les rayons chauffants (jusqu'à 50 %) tout en conservant la lumière. Solution économique acceptable lorsque la véranda est orientée à l'est, ces plaques restent insuffisantes lorsque la véranda est orientée au sud ou à l'ouest.

Réalisée en panneaux de polycarbonate, cette toiture s'offre l'allure d'un verre bombé. Ce matériau synthétique transparent s'utilise en 6 ou 8 mm d'épaisseur et se cintre à froid, contrairement au verre.

Le verre est le matériau de prédilection pour réaliser les toitures de véranda. Il permet d'ouvrir l'espace et offre une vue spectaculaire sur le ciel, mais doit toujours être feuilleté, pour garantir le maintien des panneaux en place en cas de bris.

Les plaques alvéolaires de verre synthétique offrent des performances intéressantes quand la vision de l'environnement extérieur n'est pas prioritaire. Ils sont disponibles en simple, double, triple, voire quadruple paroi, en clair ou en blanc.

Les sas d'entrée

Portes et fenêtres sont responsables d'importantes déperditions thermiques de la maison. Leur ouverture et leur manque d'étanchéité font perdre beaucoup de chaleur par transmission ou infiltration. Comme le sas d'un sous-marin sert à maîtriser la fuite d'oxygène, le sas d'une porte d'entrée permet de réduire la perte de chaleur, denrée devenue coûteuse de nos jours.

Des briques de verre remplacent le verre de façade et préservent ainsi l'intimité de la maison, tandis que des stores alumisés protègent efficacement du soleil.

Accolé à un bâtiment ancien, ce sas s'intègre au mieux en s'appuyant sur des murets de brique à l'identique de la façade. Une touche de modernité est cependant apportée par la toiture cintrée de la structure.

Préserver le confort intérieur

Le sas d'entrée est défini par l'espace situé entre deux portes. Il est souvent placé à l'extérieur de la maison proprement dite mais y est parfois intégré. Il s'agit d'un véritable espace tampon, où la température qui y règne est intermédiaire entre celle de l'intérieur et celle de l'extérieur. Il trouve ainsi son utilité tout au long de l'année, en préservant la chaleur de la maison, l'hiver, et sa fraîcheur, l'été. Son utilité est double, car s'il limite l'entrée d'air froid ou chaud provenant de l'extérieur, il réduit également la perte de chaleur intérieure, obtenue à grand recours de chauffage. Sa présence engendre donc des économies non négligeables et un confort constant. Qui n'a pas un jour constaté à quel point l'ouverture d'une porte d'entrée pouvait brutalement refroidir une maison chauffée depuis des heures ? Le sas extérieur devient particulièrement utile quand l'entrée est supprimée, et permet de récupérer le plus de surface possible au rez-de-chaussée.

Différer l'entrée dans la maison

L'aspect pratique du sas d'entrée n'est plus à démontrer tant il appartient à l'architecture traditionnelle de toutes les régions, et particulièrement de celles qui subissent des températures ou des conditions météorologiques extrêmes. Mais cet aspect pratique ne concerne pas uniquement la préservation de la température intérieure du logement. Le sas s'implique également dans le vécu de la maison, en devenant un lieu idéal pour décrotter des bottes, se défaire d'un vêtement épais ou d'un parapluie mouillé. Sa surface est déterminante pour l'emploi que l'on en fait : du simple espace de transition, il peut se transformer en un petit hall d'entrée comprenant meubles et assises.

Une véranda miniature

Le recours à une structure de véranda n'est pas systématique dans la réalisation des sas, bien que celle-ci les rende plus attrayants, accentuant l'effet de transition entre l'intérieur et l'extérieur par la création d'un lien visuel. Cette petite véranda est techniquement moins exigeante qu'une véranda classique. En effet, n'étant pas un lieu de vie où l'on séjourne, les problèmes d'isolation, de ventilation, de chauffage ou de protections solaires y sont moins importants, sans être tout à fait négligeables cependant. Pour jouer pleinement son rôle, le sas doit effectivement offrir un minimum de confort. La sécurité n'est pas son souci puisqu'il se situe en amont de la porte d'entrée. Par contre, il se doit d'être particulièrement soigné sur le plan esthétique, car il peut s'offrir quelques sophistications que sa petite taille rend plus accessibles.

Comme une véranda à part entière, ce sas s'adosse à la maison pour protéger son entrée. Mieux qu'un simple auvent, il garantit une protection aux intempéries et protège du froid.

Les sas d'entrée

Intégrée au cœur d'une maison implantée en U, la véranda couvre une terrasse et la transforme ainsi en un véritable sas entre l'intérieur et l'extérieur.

Très spacieuse, la véranda sacralise l'entrée de la maison en la transformant en un espace convivial de réception.

Pas de sas au sens propre du mot, mais un espace d'entrée dans l'appartement sacralisé par la lumière abondante apportée par la verrière de toiture.

Initialement protégée par un auvent, l'espace d'entrée de la maison se transforme en sas grâce à l'addition d'une façade vitrée.

Les extensions

Projet astucieux pour cette maison dont l'extension du rez-de-chaussée s'additionne d'une extension du sous-sol grâce à la réalisation d'une véranda à deux niveaux. L'un et l'autre bénéficient d'une lumière généreuse qui en transforme le vécu.

Une verrière de toiture relie l'extension à la maison d'origine, maintenant ainsi un apport de lumière indispensable.

Le poteau habillé de bois soutient la poutre mise en place pour remplacer le mur porteur d'origine. Gain de surface, sans aucun doute, cette extension linéaire a surtout modifié la luminosité de l'ensemble du rez-de-chaussée.

Comme une maison de verre, la véranda s'accole au pignon, en prolongement du bâtiment. La structure en aluminium prend appui sur une maçonnerie réalisée à l'identique de l'existant dans un souci d'intégration.

Beaucoup de vérandas sont créées pour agrandir une maison. Elles se greffent souvent sur des maisons anciennes manquant de lumière et d'ouverture sur l'extérieur, auxquelles elles offrent un nouveau fonctionnement. Comme n'importe quelle extension, l'extension véranda exige une prise en compte de l'existant, un projet soigneusement étudié, et une planification précise des travaux.

Un existant déterminant

La conception d'une extension, qu'il s'agisse d'une véranda ou non, est un projet à part entière qui nécessite réflexion et connaissances techniques, d'autant plus qu'elle doit se raccorder sur un existant qu'elle est censée améliorer. Un projet d'extension correspond toujours à un besoin précis : agrandissement du séjour, déplacement d'une salle à manger ou d'une cuisine, création d'une nouvelle pièce ou d'un espace de circulation et de distribution… en bref, le besoin vient toujours du fonctionnement intérieur et c'est lui qui détermine la future implantation. Le choix d'une véranda n'est, par conséquent, pas anodin, car cette dernière doit s'adapter à des orientations parfois difficiles à gérer thermiquement (quand elle est orientée au nord par exemple). Des solutions techniques intégrées à la conception peuvent alors atténuer les effets d'une mauvaise orientation (toiture classique en remplacement d'un toit de verre, vitrages spécifiques en fonction du problème rencontré, protections et stores…).

Une intervention sur la structure

La véranda a un fonctionnement thermique qu'il ne faut pas négliger (voir page 36), et une extension véranda ne se traite pas comme une extension classique. La première étape consiste à déterminer si elle sera isolée du reste de la maison ou si elle en fera partie intégrante. Elle peut être isolée de façon permanente (par l'ancien mur de façade contre lequel elle s'adosse, par exemple), ou intermittente (par des panneaux coulissants, de préférence en verre pour maintenir l'apport de lumière), mais dans les deux cas être isolée la nuit, ce qui détermine son système de chauffage et sa capacité à restituer la chaleur qu'elle accumule pendant la journée. Les anciennes portes et fenêtres peuvent être conservées en vue de faciliter cet isolement, bien qu'il s'agisse d'une démarche qui risque de nuire à l'intégration du projet. Si la véranda est destinée à devenir une pièce de vie à part entière, il est probable que son implantation implique la démolition d'un mur porteur (celui de façade) afin de créer une continuité avec l'existant. Sachez que tous les murs porteurs (sauf cas particulier) peuvent être démolis, à condition d'être remplacés par une structure poutre-poteaux destinée à soutenir la charge des niveaux supérieurs initialement supportée par le mur. Le calcul de leurs sections se fait en fonction de la charge à reprendre et est réalisé par un ingénieur le plus souvent missionné par le maçon responsable des travaux. L'un et l'autre engagent leur responsabilité.

Un souci d'intégration

La réussite d'une extension repose sur l'efficacité du nouveau fonctionnement qu'elle crée, mais aussi sur son degré d'intégration par rapport au bâtiment existant. La véranda n'échappe pas à la règle, et son intégration est d'autant plus difficile à concevoir qu'elle est constituée de matériaux différents de ceux de la maison contre laquelle elle s'adosse. L'intégration est favorisée par la continuité visuelle des matériaux et des revêtements de sol, tandis qu'à l'extérieur la véranda doit s'harmoniser avec les volumes existants et les ouvertures de façades sans provoquer de déséquilibres. Sa couleur peut s'harmoniser à celle des volets et ses décors de façades reproduire ceux des garde-corps des fenêtres. Si la maison a un style affirmé, il faut s'en servir et le copier sans retenue.

Le chauffage

Le plancher chauffant, qu'il soit électrique ou relié au chauffage central, reste une solution particulièrement bien adaptée à la véranda, qu'il transforme en un espace agréable à vivre en toute saison.

Un ventilateur peut se révéler très utile dans une véranda : il brasse l'air chaud stocké sous la toiture en été, et le rabat vers le bas en hiver en tournant en sens inverse.

Les vérandas étant pour la plupart conçues pour devenir des pièces d'habitation, il est indispensable d'en prévoir le chauffage afin d'en garantir le confort. Mais attention, une véranda n'est pas un bâtiment classique, et il est important de connaître son comportement thermique pour déterminer le moyen de chauffage le mieux adapté.

Un fonctionnement passif à exploiter

Une véranda est un gros capteur solaire. Elle emmagasine le rayonnement solaire durant la journée, et le transforme en chaleur. Si cette dernière n'est pas stockée, elle s'évacue par phénomène inverse dès la nuit tombée, au moment où elle pourrait être utile. Exploiter le fonctionnement passif de la véranda, c'est mettre en place des matériaux susceptibles de stocker la chaleur (la pierre et la terre cuite sont de bons « stockeurs »), et de maîtriser le plus possible son échappée nocturne (volets, stores ou simples rideaux peuvent remplir ce rôle plus ou moins efficacement). La chaleur stockée durant la journée est alors restituée vers la véranda elle-même ou vers la maison, selon la conception du projet. Exploiter le fonctionnement thermique de la véranda est important, mais parfois difficile à cause de la configuration des lieux qui ne comportent aucune surface potentielle de stockage. Il est malgré tout essentiel, avant de mettre en place le système de chauffage, de limiter le phénomène de paroi froide, particulièrement inconfortable le soir et en hiver.

Des parois froides à considérer

La température ressentie dans une pièce est une moyenne entre la température ambiante et celle de la surface des parois (murs et sols). La présence de parois froides peuvent provoquer une sensation de froid et d'inconfort bien que la température ambiante soit d'environ 20°. Sachez qu'une simple différence de 2° entre l'air ambiant et les murs suffit à provoquer cette sensation désagréable. Particulièrement accentué dans une véranda qui multiplie les surfaces vitrées, ce phénomène doit être réduit pour rentabiliser au mieux le chauffage. Doubles vitrages équipés de verres performants et rideaux bien épais formant un écran efficace sont un minimum à prévoir. Le sol n'échappe pas au principe de paroi froide et doit, lui

Les radiateurs placés le long des murets de soubassement restent la solution de chauffage la plus classique. Une régulation indépendante est cependant utile, le fonctionnement thermique de la véranda étant très différent de celui du reste de la maison.

Intégrés dans le sol, les radiateurs ne contrarient pas l'ouverture des baies vitrées. Protégés par un caillebotis métallique, ils diffusent leur chaleur au droit des vitrages, mais leur encastrement doit être envisagé avant la conception de la dalle de sol.

aussi, faire l'objet d'une isolation efficace au moment de la mise en œuvre. On n'a, en effet, jamais chaud sur un sol froid, même en augmentant la température ambiante (ce qui augmente pourtant le montant de la facture !).

Un radiateur dans le sol

Les besoins d'une véranda en matière de chauffage étant très différents de ceux de la maison, elle doit être équipée d'une régulation indépendante, quelle que soit l'énergie retenue. Des radiateurs distribués sur les murets de soubassement ont une certaine efficacité contre l'effet de paroi froide mais le système le mieux adapté à la véranda est sans doute celui du plancher chauffant. Diffusant la chaleur dans le sol, il fonctionne par rayonnement et garantit une répartition homogène de la température dans la pièce. Il libère l'espace des radiateurs et réduit l'encrassement des murs. En version électrique ou à circulation d'eau, il est mis en place au moment de la construction et nécessite une épaisseur variant de 6 à 10 cm, le système à eau étant plus gourmand. Ce système de chauffage présente en outre l'avantage, lorsqu'il fonctionne à circulation d'eau, d'être réversible et de se transformer l'été en un véritable absorbeur de chaleur si l'on abaisse la température de l'eau de 4 ou 5°. Enfin, sachez que le principal inconvénient du plancher chauffant est sa forte inertie, qui le rend incapable de réagir rapidement à un brusque changement de température. Sa mise en régime est longue et son refroidissement également… mais c'est là son seul vrai défaut !

La verrière de façade

Elle ne crée pas un volume d'habitation, comme la majorité des vérandas, mais son fonctionnement s'apparente cependant à celui d'une véranda intégrée grâce à la capacité d'inertie des murs, qui contribue à la régulation intérieure de la maison. Ouvrant largement le logement sur l'extérieur, elle s'implante plus volontiers sur l'arrière pour en préserver l'intimité.

Encadrée de bardages de bois, la façade de verre offre une ouverture maximale sur la terrasse extérieure, avec laquelle elle compose un ensemble parfaitement équilibré. Des baies fixes surplombent les portes coulissantes qui desservent le rez-de-chaussée.

Enrichie d'une toiture de verre, la verrière de façade offre à la maison un véritable mur de lumière dont bénéficient les deux niveaux.

La verrière de façade

Porteuse de lumière et de regard sur l'extérieur, la verrière de façade détermine l'atmosphère des logements, qu'elle dissimule à peine. L'importance de sa surface vitrée la rapproche cependant de la véranda, avec laquelle elle partage un comportement thermique parfois difficile à gérer.

Une démarche architecturale novatrice

Les façades de verre sont un héritage direct de l'évolution des techniques de construction. Avant la conception de structures, de poteaux et de poutres, le mur porteur plein était indispensable et les façades des maisons devaient se contenter de percées raisonnables qui nécessitaient à chaque fois la mise en place d'un linteau destiné à supporter la charge du mur. Nul besoin d'être expert en histoire de l'architecture pour connaître le nom de Le Corbusier, célèbre architecte précurseur dans l'art du mur rideau. Ses maisons aux murs de verre, mal isolées, étaient thermiquement difficiles à vivre, mais elles étaient la première démonstration que les façades, au lieu de fermer le logement sur lui-même, pouvaient au contraire l'ouvrir sur la lumière et l'environnement extérieur. Le perfectionnement des techniques, l'évolution de l'isolation, la découverte de nouveaux matériaux et une meilleure connaissance du comportement thermique des surfaces vitrées permettent aujourd'hui de réaliser de nombreuses façades de verre sans négliger le confort de vie du logement.

Un comportement thermique

Une verrière de façade a la même capacité à créer l'effet de serre qu'une véranda et engendre également un phénomène de paroi froide désagréable. Sa conception technique et son orientation sont déterminantes pour en garantir le confort intérieur. Le choix des matériaux, structure et vitrages, est essentiel, car chacun possède des qualités spécifiques capables de compenser un excès de déperditions ou un trop fort apport de chaleur. Le double vitrage est naturellement indispensable et les verres à isolation renforcée vivement recommandés. L'effet de paroi froide sera réduit par une bonne isolation, mais aussi par un chauffage judicieusement implanté. Intégré dans le sol à la base de la façade, il sera très efficace. Pour ce qui est de l'orientation, sud-est à sud-ouest reste la plus intéressante pour

A la façon d'un bow-window, cette verrière se compose de châssis oscillant à petit bois et offre une vue exceptionnelle sur les falaises d'Étretat.

Il est toujours possible de mettre en place des stores, des rideaux ou des volets, mais l'importance des surfaces engendre des complications pratiques (motorisation souvent nécessaire), techniques (difficulté de pose, de fixation et de débattement des systèmes occultants) et financières (stores, rideaux ou volets souvent confectionnés sur mesure…).

Situé au sommet d'un immeuble, cet appartement laisse la lumière pénétrer sans limite grâce à sa grande verrière, dont la modernité est renforcée par une structure noire très graphique intégrant des ouvrants coulissants.

Surface vitrée maximale pour cette verrière créée pour agrandir la maison. Étirée sur les deux niveaux, elle offre une nouvelle vision du jardin.

Les profils en aluminium à rupture de pont thermique composent une façade vitrée qui se substitue complètement à l'ancienne porte de la grange.

garantir un apport de chaleur efficace. Attention cependant aux surchauffes d'été, que des stores de protections et des arbres à feuilles caduques parviendront à réduire. Orientée au nord, la façade bénéficiera d'une luminosité constante très recherchée par les artistes, mais qui risque, faute d'une isolation satisfaisante, de transformer le logement en glacière en période hivernale.

Une intimité difficile à préserver

L'une des règles d'implantation des vérandas concerne le respect de l'intimité de ses occupants. Autant que possible, elles sont conçues pour être à l'abri du regard des passants et des voisins, et cette démarche prévaut bien souvent sur le choix d'une meilleure orientation. Les verrières de façade rencontrent le même problème car l'ouverture maximale de l'intérieur sur l'extérieur signifie également l'inverse. Étirées sur plusieurs niveaux, elles se transforment en véritables vitrines dès la nuit tombée. Pour cette raison, elles s'implantent pour la plupart à l'arrière des maisons ou sur un patio central, et sont généralement ainsi protégées du vis-à-vis des voisins.

MATÉRIAUX

Le verre

Employé pour sa transparence, le verre laisse passer la lumière et le regard, mais, dans le même temps, isole et sépare. Il cultive ses contradictions à travers des utilisations et des rôles structurels qui lui ont fait perdre peu à peu sa réputation de fragilité. Il sait aujourd'hui doser sa transparence, isoler du froid et de la chaleur, tout en offrant une protection sécurisante.

Maîtriser la transparence

Support privilégié d'échanges entre l'intérieur et l'extérieur, le verre est aussi le plus indiscret des matériaux quand l'intimité des usagers est en question. Lorsque la situation l'exige, différents traitements de surface lui permettent de filtrer la vue sans nuire à la transmission de la lumière. Enrichis d'une valeur esthétique, ces verres offrent une opacité adaptée à chaque situation. Parmi eux, le verre dit dépoli est sans doute le plus fréquemment rencontré. Il peut être obtenu par sablage ou par traitement à l'acide, ces deux techniques offrant un résultat très proche, avec un grain plus fin et un aspect satiné homogène pour le traitement à l'acide. Dans les deux cas, le verre est traité sur une seule face, à placer sur le côté le moins exposé de l'ouvrage. Également très décoratif, le verre imprimé est plan, translucide, clair ou teinté. Il est obtenu par coulée et laminage du verre chaud. Très utilisé en décoration, il a un sens dont il faut tenir compte. La plupart des verres décoratifs peuvent subir des transformations, être coupés, façonnés, feuilletés ou trempés, ce qui fait des verres de sécurité exploitables en façade.

Isoler malgré tout

Les baies vitrées sont une importante source de déperdition thermique dès que le soleil disparaît. Les vitrages à isolation thermique renforcée, appelés VIR, offrent des performances jusqu'à trois fois supérieures à celles d'un double vitrage classique. La diminution des déperditions de chaleur permet, selon les cas, de réduire la facture de chauffage ou d'augmenter les surfaces vitrées. Une couche d'oxydes métalliques est déposée sur la surface du vitrage, tandis que la lame d'air entre les deux verres est remplacée par de l'argon, un gaz beaucoup plus isolant que l'air. Ces

Structure minimaliste pour cette petite véranda dont les panneaux de toiture sont simplement posés en appui sur les bois de charpente. Les assemblages se font essentiellement par collage, et sont renforcés aux angles par des pattes métalliques.

La fine structure de ce jardin d'hiver à l'ancienne se couvre d'une toiture habillée de verre armé. Très résistant, celui-ci se maintient en place en cas de bris grâce à son treillis métallique incorporé.

verres ne réduisent pas les entrées directes d'apport solaire. Grâce à une température plus élevée de la surface intérieure du vitrage (il emmagasine la chaleur qu'il ne transmet pas), la sensation de paroi froide et la condensation sont réduites.

Garantir la sécurité

Recherché pour ses qualités de transparence, le verre doit aussi garantir la sécurité des biens et des personnes : vandalisme, effraction, risques de blessures et de chutes sont autant de situation à prendre en compte. Trois verres dits de sécurité permettent de réduire la probabilité de ces sinistres : le verre armé, le verre trempé et le verre feuilleté. Chacun d'eux a des qualités spécifiques qui le font s'adapter à des situations précises (voir page 92). Ainsi le verre armé se place surtout en toiture, à condition que la véranda ne soit pas habitée tout au long de l'année, car il se présente toujours en simple vitrage. Le verre trempé, cinq fois plus résistant qu'un verre ordinaire, concerne les situations où le risque de blessure est le plus important, car il se brise en une multitude de petits morceaux non coupants. Le rôle du verre feuilleté est de maintenir le verre brisé en place après un choc. Il limite les risques d'effraction en façade, et protège des chutes d'objets lorsqu'il est en toiture. Le verre feuilleté est le seul verre de sécurité admis par les assurances comme réducteur de risques d'effraction. Il est donc exigé si aucun autre système de protection n'est mis en place.

Attention, la vision de l'extérieur qu'offre le verre implique que les vitres soient propres en permanence, ce qui se révèle parfois compliqué. Il existe aujourd'hui des verres autonettoyants enrichis d'un traitement de surface qui provoque un effet de lavage.

Le verre absolu pour ces murs transparents où la structure se fait discrète. Ils sont constitués de panneaux de verre feuilleté anti-effraction, assemblés et collés à angle droit, et maintenus dans deux rails horizontaux, haut et bas.

Le verre armé multiplie ses aspects en variant la trame de son treillage métallique ou la finition du verre utilisé. Dépoli, il assure toujours la sécurité en diffusant une lumière douce et en préservant l'intimité vis-à-vis des immeubles environnants.

L'esprit véranda

Majestueuses, ces portes-fenêtres anciennes s'enrichissent d'une imposte en plein cintre et d'un dessin de petit bois raffiné qui n'est pas sans rappeler celui de vérandas traditionnelles anglaises.

Monumentale, cette façade vitrée s'encadre de deux poteaux surmontés d'un fronton, le premier intègre des évacuations d'eau tandis que le second dissimule un store banne, très utile pour les forts ensoleillements.

La véranda n'est pas seulement un style de construction. Associée à la lumière, au soleil et à la nature, elle suggère un véritable style de vie dont le pouvoir de séduction est incontestable. Si elle n'est pas toujours concevable, à cause d'un cadre défavorable, d'un manque de place, de moyens ou d'une impossibilité administrative, elle influence malgré tout un grand nombre de démarches architecturales comme autant d'agencements intérieurs.

L'esprit des façades

Le style véranda apparaît en premier lieu à l'extérieur des bâtiments, sur leurs façades. Ce n'est pas tant l'importance des surfaces vitrées qui est caractéristique, mais leur répartition et leur style. En effet, il n'y a rien de moins évocateur d'une véranda qu'une tour de verre, pourtant la surface vitrée y est importante ! Le style véranda que l'on identifie s'imprègne de l'esprit traditionnel hérité des premiers jardins d'hiver : une structure en acier ou en bois (aujourd'hui souvent en aluminium), pas de grandes baies mais plutôt de nombreux volumes vitrés distribués verticalement, des décors de façades plus ou moins sophistiqués et ouvragés, des impostes vitrées fixes ou ouvrantes, parfois en plein cintre… autant d'éléments de modénature architecturale évocateurs d'une tradition qui s'adapte sans difficulté à la modernité des réalisations actuelles, aux nouveaux matériaux et moyens techniques.

La vie intérieure

Une véranda n'est pas seulement une démarche architecturale, elle est aussi l'image d'un style de vie tourné vers l'extérieur, la lumière et la nature. Elle est perçue comme un espace de détente avant tout et se consacre à des moments de vie agréables dont la convivialité n'est jamais absente. Grâce à sa transparence, la véranda offre une relation privilégiée avec la nature, sans avoir à en subir les inconvénients. Elle lui accorde une dimension spectaculaire qui est renforcée par la sensation de vivre dehors quelle que soit la saison ou les intempéries. L'autre atout essentiel de la véranda est son apport généreux de lumière, mais aussi de soleil et de chaleur, ce dont chacun manque en hiver. Attention cependant aux excès, car la lumière si recherchée peut parfois être violente et provoquer des éblouissements. Pour ne pas vivre avec des lunettes de soleil, il est important de maîtriser le flux de lumière par des matériaux anti-éblouissement et des protections solaires (voir page 72). L'excès de chaleur sera maîtrisé par une bonne gestion du fonctionnement thermique et par une ventilation efficace (voir pages 36, 50 et 64). Une large perception de la nature offerte par la multiplication des volumes vitrés, une lumière généreuse, une gestion des apports solaires rendue indispensable par le comportement thermique des vitrages sont autant d'éléments susceptibles de créer cet espace convivial évocateur de l'esprit véranda.

La multiplicité des baies et leur graphisme déterminé par des petits bois accordent à cette ancienne fabrique le caractère champêtre des jardins d'hiver à l'ancienne.

L'esprit véranda

Inspiration nord-américaine pour cette maison toute blanche habillée d'un bardage en bois. Les structures de bois déterminent le dessin des façades vitrées qui s'articulent pour ouvrir la maison sur la nature environnante.

Esprit verrière pour cette alcôve vitrée et confortable qui peut s'enorgueillir d'une superbe vue.

Ce n'est pas un hasard si cette baie évoque l'esprit verrière puisque qu'elle est composée avec un ancien portail de serre en fer forgé. Elle remplace une ancienne porte de grange.

L'orientation et l'implantation

DEGRÉS D'ENSOLEILLEMENT

Extension latérale, la véranda bénéficie d'une triple orientation qui lui assure un ensoleillement maximal, mais sa surface vitrée représente une importante source de déperditions.

Intégrée entre deux bâtiments, la véranda a souvent un rôle fonctionnel. Son orientation, imposée par la configuration des lieux, détermine certains éléments pratiques destinés à la rendre agréable à vivre.

Quand la verrière fait partie d'un projet global, son implantation tient compte de la course du soleil et de l'effet recherché au cœur de la maison.

Déterminante pour l'utilisation de la véranda, l'orientation est pourtant souvent imposée par une situation existante à laquelle elle doit s'adapter. Entre solution idéale et réalité, le compromis est parfois difficile à trouver. Il est cependant important de connaître les caractéristiques des différentes orientations pour implanter sa véranda en connaissance de cause.

Au sud, le soleil à 100 %

Pour des raisons de confort et d'économie d'énergie, l'exposition sud-est à sud-ouest reste préférable à toute autre exposition. Elle transforme la véranda en un espace agréable été comme hiver. Cependant ce choix n'est pas toujours possible, notamment quand la véranda est créée après la construction de la maison. Heureusement, une précision exacte n'est pas essentielle car de nombreux facteurs affectent le captage, telles les conditions météorologiques qui peuvent, d'une année sur l'autre, faire varier l'ensoleillement dans une proportion de 40 %. Sachez que, pour un écart par rapport au vrai sud de 15° vers l'est ou vers l'ouest, l'ensoleillement décroît seulement de 2 % (voir croquis).

A l'est, l'apport matinal

Orientée vers l'est, la véranda bénéficie d'un ensoleillement matinal qui lui garantit en été une rapide montée en température. L'hiver, le soleil du matin est très bas sur l'horizon et la température extérieure est la plus faible de la journée. La montée en température de la véranda est en conséquence très lente et souvent insuffisante pour obtenir une ambiance intérieure satisfaisante dans l'après-midi. Le recours au chauffage est donc indispensable pendant les mois d'hiver.

A l'ouest, le soleil d'après-midi

Une orientation vers l'ouest tourne la véranda vers le soleil d'après-midi. La montée en température est donc tardive par rapport au déroulement de la journée, et particulièrement en hiver. L'usage de la véranda le matin suppose alors impérativement un chauffage efficace pendant cette saison. En automne et au printemps, cette caractéristique est atténuée par la hauteur supérieure du soleil. En été, le fort ensoleillement d'après-midi risque de provoquer des surchauffes en fin de journée.

Au nord, la lumière des artistes

Tournée vers le nord, la véranda contribue au bilan énergétique de la maison en jouant son rôle d'espace tampon et peut réduire jusqu'à 10 % les besoins de chauffage du logement. En revanche, les apports solaires quasi nuls de l'hiver en font un espace inhabitable à cette saison en l'absence de chauffage. Elle a l'avantage de ne pas subir de surchauffe en été et bénéficie tout au long de l'année d'une lumière constante recherchée par les artistes pour leur atelier.

Le choix de l'implantation

L'implantation dépend en premier lieu des contraintes de l'habitat existant, et l'orientation, si importante pour le fonctionnement thermique, devient secondaire. La majorité des habitants privilégie le rôle protecteur de la véranda auprès de la maison à son rôle de capteur solaire. Quand le choix est offert, la véranda est de préférence située à l'arrière de la maison, à l'abri des vis-à-vis, en relation avec la cuisine ou le séjour, à condition de disposer d'une véritable entrée sur l'avant de la maison. D'une façon générale, il est important de tenir compte du climat et des vents dominants pour définir la forme de la véranda. Enfin, sachez que plus la véranda est intégrée, plus elle est facile à gérer thermiquement.

Le comportement thermique

Les murs de pierre placés en fond de véranda peuvent devenir de très bons stockages d'une chaleur qu'ils restituent ensuite le soir. Un projet judicieux permet d'orienter cette restitution de chaleur vers le logement.

Si les orientations sud-est sud-ouest restent idéales pour implanter une véranda, elles nécessitent dans certaines régions ensoleillées quelques protections indispensables pour que l'espace reste habitable en plein été.

La véranda se comporte comme un capteur solaire, à la fois pour elle-même et pour l'espace attenant. Elle est un lieu d'échanges thermiques beaucoup plus importants que dans une construction classique et sa capacité à transmettre la chaleur qu'elle emmagasine en fait un atout important pour la maison contre laquelle elle s'accole.

Une paroi froide source de condensation

La surchauffe d'été et le froid de l'hiver sont assez bien supportés par les habitants des vérandas car chacun d'eux porte en lui soit une possibilité (celle d'utiliser le jardin en été), soit une solution technique (le recours au chauffage en hiver). En revanche l'humidité de l'air, source de condensation, est beaucoup plus mal vécue. Cette dernière est l'une des composantes essentielles du comportement thermique de la véranda. Son apparition est le résultat de la confrontation de l'air chauffé par le soleil avec la surface des vitrages ou des structures dont la température est plus proche de la température extérieure. En effet, l'air contient plus ou moins de vapeur d'eau selon sa température. Plus il est chaud, plus il en contient, et son refroidissement au contact d'une surface forme la condensation. Aération et chauffage sont les deux solutions qui permettent de réduire le phénomène. L'effet de paroi froide est très gênant, son écart de température avec l'air ambiant créant un inconfort permanent. Il est donc utile de le réduire au minimum grâce à des vitrages à isolation renforcée et à des rideaux isolants.

Une faible inertie à compenser

L'inertie (c'est-à-dire la capacité des matériaux à emmagasiner et à restituer la chaleur) constitue à elle seule un système de régulation. Elle atténue les variations brutales de température quelle qu'en soit la cause. Le désavantage du fonctionnement thermique des vérandas repose pour beaucoup sur leur très faible inertie, liée à l'importance des surfaces vitrées. Pour la renforcer, il est possible de remplacer une partie de ces surfaces par des matériaux lourds, ce qui constitue une masse de stockage. Les déperditions s'en trouvent réduites, les écarts de température jour-nuit plus faibles, et le confort amélioré. Plus l'inertie d'une véranda est grande, meilleur est son comportement thermique.

Une capacité à transmettre la chaleur

L'importance des surfaces vitrées de la véranda est responsable d'écarts de température très importants. Grâce à sa capacité à créer un effet de serre (voir page 50), la véranda est une grande

La présence d'une piscine modifie le comportement thermique de la véranda. L'humidité importante qu'elle dégage doit être soigneusement maîtrisée, afin de ne pas la voir se transformer en condensation et en ruissellement sur les vitres. Ventilation, chauffage et déshumidification sont plus que jamais indispensables.

Si le bois est sensible aux chocs thermiques importants, il est aussi un bon isolant et limite de ce fait les effets de paroi froide.

PHÉNOMÈNES DE TRANSMISSION DE LA CHALEUR

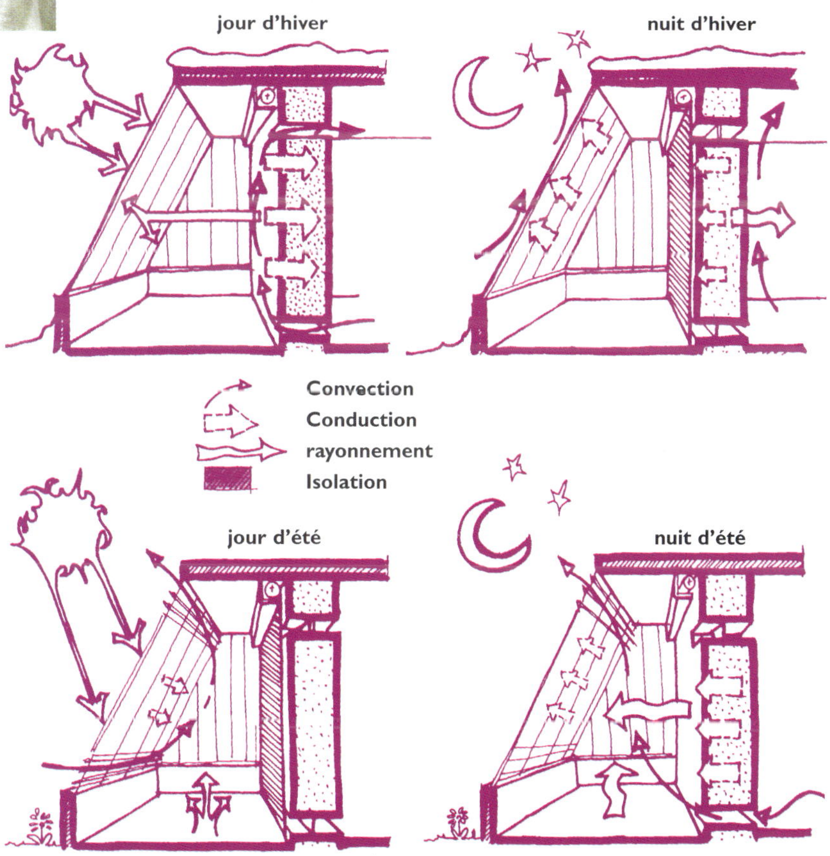

productrice de chaleur qui s'échappe dès la nuit tombée si rien n'est conçu pour la capter et la stocker. La température monte aussi vite qu'elle peut redescendre, avec tous les phénomènes parallèles que cela suppose : condensation et effet de paroi froide, chocs thermiques subis par les matériaux et l'ameublement, régulation du chauffage difficile et facture parfois excessive. Rendre une véranda habitable et confortable revient à maîtriser ces brusques variations de température et à récupérer le plus possible la chaleur produite. Ce qui équivaut tout simplement à la conception d'une véranda bioclimatique (voir croquis ci-contre). Pour garder la chaleur, il faut l'emprisonner, la stocker. Un mur situé en fond de véranda remplit parfaitement ce rôle : au fur et à mesure de l'absorption du rayonnement par la surface du mur, la chaleur se distribue d'une part vers le vitrage (qui va la réémettre), d'autre part vers la masse du mur par conduction. C'est la capacité d'inertie du mur qui est exploitée, et la propagation de la chaleur dépend de l'épaisseur et du matériau qui compose ce dernier. La restitution de la chaleur accumulée est orientée, selon les besoins, grâce à un écran placé en situation opposée.

La véranda intégrée

C'est sans doute la véranda la plus facile à gérer d'un point de vue thermique, mais elle suppose d'être conçue en même temps que la maison, à moins qu'elle ne soit créée pour relier deux corps de bât ments. Elle devient dans ce cas un élément essentiel de la maison, sur le fonctionnement de laquelle repose son existence.

Créée pour relier deux corps de bâtiments de ferme séparés, cette véranda a rapidement fait oublier sa fonction initiale de passage pour devenir un lieu de vie à part entière. Réalisée en acier anticorrosion, elle est dotée d'une toiture en verre équipée de deux châssis ouvrants à commande électrique.

Équipée d'un chauffage de sol basse température, la véranda devient un espace réellement confortable, d'autant que quelques radiateurs disposés le long des murets sont prêts à renforcer le chauffage les jours de grand froid. Inversement, les jours de fort ensoleillement, les ouvrants de toiture permettent d'évacuer la chaleur stockée sous la toiture de verre.

La véranda intégrée

Implantée à l'étage, la véranda couvre une ancienne terrasse encaissée entre deux murs. Un lanterneau rythme la toiture et offre un apport de lumière supplémentaire.

Ainsi appelée ainsi car elle s'oppose à la majorité des vérandas rapportées sur une maison existante pour en créer une extension, elle ne possède, dans la majorité des cas, qu'une surface vitrée, parfois deux quand elle permet de relier deux bâtiments distincts. Excepté dans ce dernier cas, sa conception est intimement liée à celle de la maison puisqu'elles font alors l'objet d'un projet commun. Ce petit inconvénient est aussi un gros avantage : il lui offre le meilleur comportement thermique qu'une véranda puisse rêver !

Véranda et maison, mariage de raison

Il existe de multiples possibilités d'assembler le volume d'une maison à celui d'une véranda, chacune ayant des incidences importantes sur l'ambiance thermique de cette dernière. La plupart des vérandas peuvent se regrouper selon trois grandes catégories, qui sont déterminées en fonction du nombre de faces en contact avec le logement : la véranda en épi, qui n'a qu'une face contiguë à la maison ; la véranda en appui, qui possède deux faces en contact avec la maison ; et la véranda intégrée, dont trois faces sont en contact avec la maison. La véranda intégrée demande le plus souvent d'être conçue en même temps que le reste de l'habitation et de participer ainsi à un projet d'ensemble. Ce qui apparaît au premier abord comme une entrave est pourtant un immense avantage, car ce type de conception permet de déterminer avec soin la meilleure orientation et les matériaux le mieux adaptés pour la véranda, tout en tenant compte du fonctionnement intérieur du logement. Ce n'est pas le cas des vérandas rapportées, conçues en priorité à partir d'un fonctionnement existant, bien souvent au prix d'une orientation inadaptée.

Vitrages limités, confort assuré

En règle générale, plus la surface vitrée de la véranda est grande, plus l'effet de serre créé est important, plus elle est responsable de déperditions de chaleur, et plus son inertie est faible. Renforcer cette dernière en créant des surfaces de stockage liées à la présence de matériaux lourds assure un meilleur comportement thermique à la véranda. C'est précisément le cas de la majorité des serres intégrées qui s'encastrent entre trois murs de la maison. De nombreuses études ont démontré que,

Intégrée entre deux bâtiments indépendants, la véranda joue son rôle d'articulation et devient l'entrée principale de la maison. En se déployant sur deux niveaux, elle intègre un escalier et une passerelle qui distribue l'étage des deux bâtiments.

Située au cœur de la maison, la véranda relie l'aile consacrée aux chambres à celle qui est consacrée à la vie collective. Elle fait également office de préambule au séjour placé en prolongement. Une cloison vitrée intérieure l'isole du reste de la maison.

quelle que soit la région, la productivité réelle d'une véranda variait du simple au double entre véranda en épi et véranda intégrée à toiture vitrée, et du simple au triple entre véranda en épi et véranda intégrée à toiture opaque. Particulièrement satisfaisante d'un point de vue thermique, cette configuration présente l'inconvénient de diminuer l'éclairement des pièces du logement contigu, contredisant d'autre part le besoin de transparence exprimé par les habitants.

Terrasse fermée, surface gagnée

La véranda intégrée peut parfois faire l'objet d'une intervention postérieure à la construction de la maison. Bien que cette démarche soit plus compliquée à entreprendre et que les possibilités offertes soient moins nombreuses, ce type d'implantation peut malgré tout s'adapter à certaines situations, comme la fermeture d'une terrasse ou d'un balcon, eux-mêmes déjà intégrés. La simplicité de sa structure facilite son raccordement à l'existant et en fait une solution économique pour récupérer des mètres carrés de plus en plus exorbitants de nos jours. Attention cependant, car l'utilisation d'une dalle existante peut devenir une source d'inconfort quand son isolation fait défaut.

Créée pour relier deux bâtiments indépendants, cette petite véranda reste avant tout un lieu de passage et se contente d'une structure très simplifiée. L'esprit « véranda » est en revanche accentué par la création d'une grande baie fixe au dessin très graphique.

Outre le fait qu'elle offre un meilleur confort thermique, la véranda intégrée est économiquement intéressante car elle est moins gourmande en surfaces vitrées, toujours coûteuses, et les travaux de gros œuvre qu'elle nécessite peuvent être effectués simultanément à ceux de la maison.

MATÉRIAUX

L'acier

L'acier est le matériau le plus traditionnel attaché à la réalisation des vérandas, car c'est à travers lui que s'est développé l'art des jardins d'hiver du XIXe siècle dont elles sont issues. L'engouement fort qu'il suscite au début du XXe siècle s'épanouit dans les courbes et les arabesques des créations végétales de l'Art nouveau, apportant la démonstration de son extraordinaire souplesse d'utilisation. Bien qu'il n'offre pas les mêmes qualités esthétiques, l'aluminium a largement empiété sur son terrain, provoquant ainsi un déclin temporaire. Aujourd'hui, l'acier a su évoluer et s'adapte mieux aux exigences de confort des habitants, tout en conservant ses qualités esthétiques inégalables !

Le support d'une créativité sans limite

Le retour en force des vérandas en acier s'explique en grande partie par la saturation ressentie par les créateurs et les architectes, par rapport à l'aluminium en particulier. Après avoir exploité ce matériau pendant des années, force est de constater que la créativité n'est pas son point fort, en particulier quand elle concerne l'esthétique des façades. L'esthétique d'une véranda en acier est incomparable. Chaque création est unique et personnalisée, la standardisation n'a pas sa place. Débridée par la souplesse du matériau, la créativité est sans limite, et les décors de façade réalisés en sont la plus belle démonstration.

Une résistance mécanique indiscutable

Jusqu'à dix fois supérieure à celle de l'aluminium, la résistance mécanique de l'acier a fait ses preuves à travers la réalisation de nombreux ouvrages d'exception nécessitant de grandes portées : halls de gare, passerelles et ponts, brasseries et restaurants… Même si les vérandas n'exigent pas de telles performances techniques, la résistance mécanique de l'acier permet de réaliser des structures dont la finesse est l'un des atouts indiscutables.

La finesse de l'acier lui autorise toutes sortes de styles, du plus classique au plus contemporain. Il se marie sans difficulté à de nombreux matériaux, parmi lesquels la pierre, avec laquelle il compose des associations toujours réussies.

L'acier est le matériau privilégié pour réaliser quantité de décors de façade, auvents et marquises. Aisé à mettre en forme, il laisse libre cours à toutes les fantaisies, comme l'a démontré le mouvement architectural et artistique de l'Art nouveau en 1900.

Un comportement thermique satisfaisant

Contrairement à une idée communément répandue, l'acier possède une résistance thermique tout à fait satisfaisante et jusqu'à trois fois supérieure à celle de l'aluminium, ce qui en fait un matériau moins conducteur. Les ruptures de pont thermique proposées dans les structures en aluminium (qui ont en outre pour effet de les alourdir) présentent beaucoup moins d'intérêt lorsqu'il s'agit d'acier. En effet, celui-ci compose des structures dont la section pleine autorise un faible dimensionnement, donc une plus faible surface de transmission.

Des finitions résistantes et un entretien allégé

Autre idée reçue concernant la véranda en acier : l'entretien qu'elle suppose. Vous vous imaginez déjà le pinceau à la main, contraints de repeindre votre véranda à chaque printemps… Laissez donc tomber ce pinceau qui ne vous sera pas utile ! L'acier a effectivement su évoluer et profite largement des progrès accomplis en matière de finition (en particulier, ceux qui sont réalisés pour les carrosseries de voiture). Après avoir été ouvragé, l'acier est sablé, puis métallisé (à chaud, par pulvérisation de zinc). Se présentent alors deux solutions. La première consiste à réaliser une peinture époxy très résistante dont la finition est assez brillante. La seconde met en œuvre une peinture polyuréthane, également très résistante, et dont l'aspect final est plus satiné. Le choix entre les deux n'est pas une question de résistance puisque les deux sont équivalentes, mais plutôt une question d'esthétique (une finition plus ou moins brillante) et de facilité d'entretien. La peinture polyuréthane offre en effet la possibilité de repeindre la structure soit pour corriger un éclat provoqué par un choc important, soit pour en changer la couleur.

Avec ses nombreuses qualités, l'acier donne naissance à de très belles vérandas au caractère incontestable, au prix cependant d'un budget supérieur à celui de l'aluminium qui explique en partie sa faible part du marché.

Version moderne pour un matériau intemporel. La finesse des structures en acier en fait un matériau de prédilection quand l'élégance est recherchée. De plus, ses faibles sections limitent les phénomènes de transmission de température.

Les décors de façade

Hérités de la tradition des premiers jardins d'hiver, les décors de façade sont la touche finale des façades de véranda, auxquelles ils apportent un raffinement supplémentaire. Leur particularité est d'être exclusivement décoratifs et de n'avoir aucun rôle fonctionnel. Ils sont donc sujets à la fantaisie créative du concepteur et peuvent ainsi faire de chaque véranda une réalisation personnalisée et unique.

En acier, l'art de la ferronnerie

C'est sans aucun doute en acier que les décors de façade s'offrent le plus de liberté. La souplesse du matériau chauffé permet d'obtenir les dessins les plus sophistiqués et les plus compliqués, qualité que les créateurs ne se sont pas privés d'exploiter dans de très nombreuses réalisations de jardins d'hiver du XIXe siècle. La ferronnerie a connu une véritable apothéose avec le développement de l'Art nouveau en 1900. L'inspiration végétale des créateurs a en effet donné naissance à des volutes métalliques spectaculaires, dont certaines ornent encore les bouches du métro parisien. Les décors de façade atteignent rarement ce degré de sophistication, mais se déclinent malgré tout en applique sur les vitrages (fixés entre les montants de la structure), en faîtage ou sous les chéneaux de toiture, en imposte verticale ou horizontale, en soubassement plein ou vitré… les possibilités sont multiples et inépuisables.

En bois, la tradition anglaise

Moins sophistiqués, les décors de façade des vérandas en bois s'inspirent de la tradition anglaise et jouent la sobriété. Ils se résument bien souvent à la création d'une imposte haute périphérique, à un décor de faîtage ou de chéneau de toiture, ou à des arcs de cercle intégrés surplombant chaque volume vitré. Le style des vérandas en bois est foncièrement différent de celui des vérandas en acier. Plus sobre, il ne cherche pas à développer les décors rapportés. L'animation des façades repose plutôt sur un travail de distribution des surfaces vitrées qui détermine l'esthétique de la véranda.

En aluminium, le parent pauvre

Les vérandas en aluminium ne se caractérisent pas par des décorations de façade très présentes ni très typiques. En effet, à la différence des vérandas en acier ou en bois, il n'existe pas de tradition de véranda en aluminium. Ces dernières piochent donc un peu d'un côté, un peu de l'autre, pour s'orner de quelques décors dont le style reste indéterminé, voire bâtard. Le paradoxe est de constater que ces décors inspirés des vérandas en acier ne peuvent être réalisés… qu'en acier ! En fait, les décors de façade sont l'expression d'un style de vérandas auquel la véranda en aluminium n'appartient pas. Elle s'épanouit davantage dans des réalisations contemporaines plutôt épurées et ne gagne pas à plagier une consœur dont la personnalité n'est plus à démontrer.

De faux pleins cintres s'appliquent contre les vitrages, à la manière de petits bois rapportés, tandis que le chéneau s'additionne d'une corniche sculptée.

Rigueur classique pour cette véranda adossée, à laquelle
le graphisme des décors de façade donne tout son caractère.

Hérités des premiers jardins d'hiver du XIXe siècle, les décors de façade accordent aux vérandas un véritable caractère architectural. Réalisés en acier, ils rivalisent de finesse et de créativité.

Les décors de façade

Réalisé en bois, un décor en corniche anime les chéneaux de récupération d'eau de pluie et s'harmonise avec les petits bois des vitrages.

Les décors de façade sont toujours réalisés sur mesure, pour s'adapter au mieux à la véranda, conçue elle aussi sur mesure. Ils peuvent ainsi apporter à chaque création un caractère vraiment personnel.

Réalisés en bois, les décors de façade se font plus sobres, ce dernier n'autorisant pas autant de fantaisie que l'acier. Ils agrémentent cependant le faîtage du toit et les chéneaux de récupération d'eau.

La ferronnerie mise entre les mains d'un créateur inventif donne naissance à des décors de façade qui accorde à ces baies vitrées un caractère unique et original.

PRATIQUE

La réglementation

Couverte d'une toiture opaque ou transparente, une véranda est comptabilisée dans les surfaces habitables et doit, de ce fait, faire l'objet d'un dépôt de dossier auprès de la mairie de la commune.

Quelle que soit l'ampleur des travaux envisagés, l'intervention sur la toiture d'un immeuble collectif ne peut se faire sans l'accord de l'ensemble des copropriétaires.

Même située sur le toit, la création d'une véranda donne naissance à une surface d'habitation supplémentaire et nécessite les mêmes démarches administratives qu'un projet classique.

C'est la quantité de surface habitable créée qui détermine le type de dossier à établir. Pour moins de 20 m², une déclaration de travaux suffit. Au-delà, un permis de construire est indispensable.

Avant d'entreprendre un projet de construction, qu'il s'agisse d'une véranda ou non, il est utile d'effectuer quelques démarches afin de se renseigner sur la faisabilité des travaux. L'étape suivante consiste à constituer un dossier de demande d'autorisation de travaux dont le contenu varie en fonction de l'importance des travaux envisagés.

POS et COS, deux abréviations à connaître

Pour savoir si un projet est réalisable, la première démarche consiste à consulter le COS (coefficient d'occupation des sols) de votre quartier d'habitation, qui est déterminé par le POS (plan d'occupation des sols) de votre commune. C'est ce dernier qui fixe les objectifs sociaux, économiques et architecturaux de la commune, et définit ainsi les règles d'urbanisme. Le coefficient d'occupation des sols est une valeur (en fait, un pourcentage) qui s'applique à la surface du terrain en question et définit la surface maximale constructible. Avant d'entreprendre un projet d'extension, il est indispensable de s'assurer que cette surface maximale n'est pas atteinte et de définir, dans ce cas, la surface constructible encore réalisable.

La déclaration de travaux, pour les petites surfaces

Quelles que soient sa fonction ou sa surface, la création d'une véranda nécessite une autorisation administrative obligatoire. La déclaration de travaux concerne des travaux de faible importance, et en l'occurrence les créations de surface inférieures à 20 m². La demande est déposée par le propriétaire ou son mandataire (entreprise ou architecte) à la mairie de la commune contre une décharge. L'autorisation est en principe délivrée dans un délai de un mois, à moins que l'habitation ne se situe dans un site classé (la proximité d'un bâtiment historique suffit), le délai s'étend alors à deux mois. Le dossier déposé comporte le formulaire officiel complété, ainsi qu'un plan de situation du terrain, un plan masse du terrain, et un croquis de l'aspect extérieur de la construction faisant apparaître les modifications.

Le permis de construire, un dossier important

Il concerne la création de surfaces supérieures à 20 m². Sa demande, présentée par le propriétaire ou son mandataire, se fait obligatoirement sur les formulaires nationaux. Déposée en quatre exemplaires à la mairie contre une décharge obligatoire, elle fait l'objet d'un dossier complet comprenant :

- le plan de situation du terrain
- le plan masse des constructions
- les plans des façades
- les coupes nécessaires à la compréhension du projet
- au moins deux photos permettant de situer le terrain dans son environnement
- un document graphique permettant d'apprécier l'insertion du projet et son impact visuel
- une notice écrite exposant et justifiant les dispositions prises pour insérer le projet dans le paysage.

Le dossier à établir demande de nombreux éléments graphiques et techniques, difficiles à réaliser pour des non-professionnels. Pour cette raison, le recours à un architecte est fortement conseillé, même s'il n'est pas obligatoire pour une surface inférieure à 170 m². Son intervention facilite la mise en forme et la présentation du dossier, et le rend plus lisible pour les services techniques, qui peinent bien souvent sur des dossiers incomplets ou incompréhensibles ! Le délai d'obtention du permis de construire est de deux mois, sauf cas particulier, comme la proximité d'un bâtiment ou d'un site classé (délai prolongé d'un mois).

TECHNIQUE

L'effet de serre

Les plantes, qui s'épanouissent volontiers dans les vérandas, peuvent devenir de bons modérateurs de chaleur et d'humidité, deux phénomènes thermiques parfois difficiles à maîtriser.

L'humidité dégagée par une piscine nécessite un chauffage efficace associé à une ventilation et à une déshumidification bien étudiées afin d'éviter une condensation permanente sur les vitrages. Une telle véranda devient un lieu idéal pour l'épanouissement des plantes tropicales !

S'il existe un phénomène caractéristique du comportement thermique d'une véranda, c'est sans aucun doute celui d'effet de serre. Obtenu grâce à une propriété fondamentale du verre, ce dernier est responsable de la récupération de chaleur effectuée par une véranda, mais aussi des variations de température importantes et brutales observées au cours d'une même journée. Un phénomène à connaître et à comprendre pour mieux gérer le fonctionnement thermique de la véranda…

On note que l'effet de serre n'est pas ressenti comme une contrainte importante par les occupants, car la surchauffe qu'il provoque intervient sur des périodes de beau temps, assez courtes sous nos latitudes, pendant lesquelles la vie s'oriente plutôt vers le jardin.

En quoi consiste l'effet de serre ?

Comme tous les matériaux dits transparents, le verre se laisse traverser par le rayonnement provenant du soleil. Ce gain solaire direct se manifeste par une élévation de température ressentie derrière une vitre exposée au soleil, et cela, même si la température extérieure est très basse. Une fois à l'intérieur de la véranda, ce rayonnement solaire échauffe les objets et les matériaux qui émettent à leur tour un rayonnement de longueur d'onde différente auquel le verre a la particularité d'être imperméable. La chaleur ayant pénétré dans la véranda est ainsi piégée par ce phénomène, que l'on appelle l'effet de serre. Il s'ensuit une augmentation importante de la température, qui peut atteindre une surchauffe. La particularité de ce phénomène est que ses effets peuvent disparaître aussi vite qu'ils sont apparus. En effet, dès le coucher du soleil, les vitrages laissent s'échapper cette chaleur accumulée au cours de l'ensoleillement. Responsables de déperditions jusqu'à huit fois plus importantes que celles d'un mur classique isolé, ils se refroidissent très rapidement, engendrant le phénomène de la paroi froide.

Accolée à la maison, la véranda s'avance cependant par rapport à la façade. Il en résulte une exposition plus grande au soleil comme au vent et au froid. Son fonctionnement est donc plus difficile à gérer.

Issues des premières serres botaniques, les vérandas d'aujourd'hui restent des lieux privilégiés pour l'épanouissement des plantes. La luminosité y est toujours abondante et le moindre rayon de soleil voit son effet multiplié par les vitrages.

Comment maîtriser l'effet de serre ?

Insupportable en été lorsqu'il est responsable de la température excessive qui règne dans la véranda, l'effet de serre sait se faire apprécier en hiver quand, malgré la faible température extérieure, les rayons du soleil parviennent à faire naître une douce sensation de chaleur derrière les vitres. Intéressant parce qu'il produit de la chaleur à partir d'un carburant économique et inépuisable, l'effet de serre nécessite cependant d'être maîtrisé car, en provoquant de violents changements de température, il est responsable du principal inconfort de la véranda. Le maîtriser revient à freiner les montées en température pour éviter les surchauffes, et compenser la perte de chaleur pour limiter le refroidissement nocturne. Pour déterminer les différents éléments correcteurs d'ambiance à mettre en place, il est utile de connaître les températures observées dans la véranda afin de pouvoir les contrôler. La difficulté de cette démarche repose sur le fait que la température effectivement ressentie par les usagers est une moyenne entre la température ambiante et celle des parois. La mesure de la température de l'air n'est qu'un indicateur de confort dont il faut parfois se contenter, la mesure de la température radiante étant beaucoup plus complexe.

On limite les surchauffes : en choisissant judicieusement l'orientation de la véranda en fonction de la région, en prévoyant des stores ou des volets protecteurs, en privilégiant des doubles vitrages à isolation renforcée, et en implantant des arbres à feuilles caduques de façon à bénéficier de leur ombrage en été.

On limite les déperditions de chaleur et l'effet de paroi froide : en occultant les vitrages de l'intérieur, en choisissant des doubles vitrages à isolation renforcée, en privilégiant les structures peu conductrices, et en favorisant le stockage de la chaleur par un phénomène d'inertie.

PRINCIPE DE L'EFFET DE SERRE

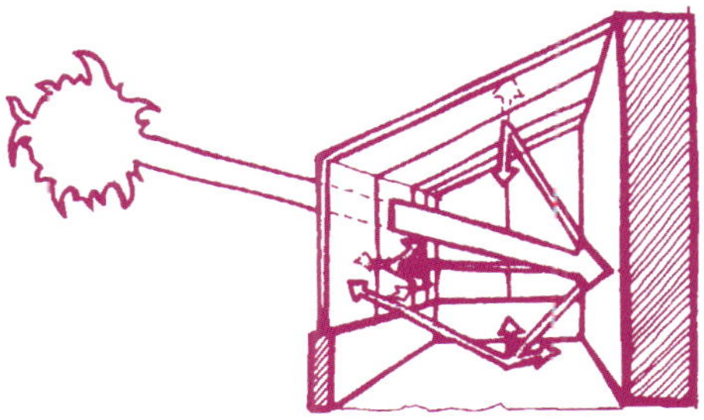

TECHNIQUE

KANDINSKY

La verrière zénithale

Par définition, on appelle verrière zénithale une verrière qui offre une lumière verticale qu'aucune ombre ne vient assombrir puisqu'elle tombe directement du ciel. Cette qualité exceptionnelle de lumière contribue à la valorisation d'un espace éclairé par le haut et à la création d'une atmosphère très particulière qui justifie pleinement les difficultés techniques qu'elle suppose.

Aménagé dans une ancienne usine du XIXe siècle, ce loft s'est résolument tourné vers l'intérieur, l'environnement urbain n'étant pas très favorable. L'idée du jardin intérieur s'est vite imposée sous le puits de lumière de la grande verrière. Couverte de plaques de polycarbonate, elle se protège des ardeurs du soleil par un brise-soleil automatique.

Résistants et réclamant peu d'entretien, les ficus benjamina s'intègrent dans un platelage de tôle galvanisée qui couvre un grand caisson en béton rempli de terre végétale irriguée par arrosage automatique.

Initialement utilisé pour réaliser des planchers d'échafaudage, ce type de platelage compose ici un revêtement de sol original et particulièrement économique.

La verrière zénithale

On appelle ainsi une verrière qui est intégrée dans la toiture et qui offre, grâce à cette implantation, une lumière zénithale à un volume enclavé. Plus recherchée que par le passé, cette lumière venue du ciel, dont la qualité exceptionnelle contribue à la création d'une ambiance très particulière, justifie amplement l'intérêt que les architectes lui portent, même si la conception de telles verrières engendre de nombreuses complications techniques.

Sous la lumière du ciel

Puisée à sa source, la lumière des verrières descend du ciel à l'état pur, non troublée par l'ombre de bâtiments voisins. Sa verticalité la distingue de la lumière de façade et est à l'origine de l'expression « puits de lumière ». Verrières, fenêtres de toit ou skydomes en sont autant de versions. Leur implantation les rendant difficilement accessibles, leurs ouvrants sont souvent commandés à distance par des systèmes manuels ou électriques. Paradoxalement, n'avoir que la vision du ciel peut devenir frustrant, et c'est sans doute l'un des désavantages des verrières. C'est pourquoi on recommande de les placer, aussi souvent que possible, de telle façon qu'elles puissent également offrir une vue horizontale, ou de les compléter par des ouvrants verticaux, même petits.

Des conditions thermiques contrastées

Le comportement thermique d'une verrière de toit diffère de celui d'une véranda classique dans la mesure où les seuls apports solaires directs qu'elle reçoit sont proches de la verticale. Ce type d'ensoleillement lui fait craindre les phénomènes de surchauffe qu'elle subit facilement en été. On recherche donc des orientations qui réduisent ce risque. Qu'elle soit orientée vers l'est ou vers l'ouest, sa capacité à capter le rayonnement solaire est fonction de son angle de pente : plus la pente est faible, moins elle voit le soleil, qu'il s'agisse de celui du matin ou de celui de l'après-midi. C'est au sud qu'elle le reçoit le plus, portant donc à leur maximum les risques de surchauffe liés à l'effet de serre. Orientée au nord, elle ne voit pas le soleil mais bénéficie d'une lumière constante. Attention cependant au refroidissement nocturne et hivernal. L'orientation d'une verrière étant souvent déterminée par son implantation, l'adaptation doit se faire au moyen de protections, intérieures ou extérieures, qui réduisent à la fois les déperditions nocturnes importantes et la captation solaire, et d'ouvrants, qui facilitent la ventilation et réduisent les surchauffes en évacuant l'air chaud stocké en hauteur.

De la toiture au plancher

Les verrières zénithales sont le plus souvent intégrées dans la pente d'un toit mais elles s'implantent également dans un toit terrasse, le plancher d'un étage ou la dalle d'un balcon. Ces implantations particulières les transforment parfois en plancher de circulation, ce qui nécessite alors des conditions de mise en œuvre garantissant à la fois la sécurité des personnes et l'étanchéité de la verrière. Il n'existe pas vraiment de réglementation relative à la réalisation des planchers en verre, mais seulement deux niveaux de sécurité qui permettent d'en établir le calcul : la sécurité normale correspond à une hauteur de chute faible et à un risque de blessure légère, et la sécurité renforcée correspond à une hauteur de chute importante et à un risque de blessure grave. Les dalles doivent reposer horizontalement en appui continu sur les quatre côtés sur un joint souple qui ne durcira pas avec le temps, et la structure d'appui doit être rigide, afin de supporter les charges du plancher. L'appréhension ressentie à l'idée de marcher sur un sol de verre repose plus sur un sentiment de vertige, inspiré par la peur du vide apparaissant par transparence, que sur une véritable crainte. Elle sera atténuée par la mise en œuvre d'un verre translucide, mais non transparent.

Grâce à la double hauteur sous plafond préservée par la création d'une mezzanine plutôt que d'un étage complet, le séjour s'installe sous la verrière et bénéficie d'une lumière zénithale particulièrement généreuse.

Démarche originale qui consiste à ouvrir le faîtage de la toiture. Composée d'une structure en aluminium anodisé et d'un double vitrage feuilleté, la verrière orientée nord-sud apporte un maximum d'éclairement tout au long de la journée.

Par souci de sécurité, le verre feuilleté entre systématiquement dans la composition des verrières de toiture et, comme dans le cas des toitures de véranda, il se place sur la face intérieure afin de retenir, en cas de bris, les morceaux de verre cassés de la façade supérieure.

Mariage des genres pour cette ancienne maison du Lubéron dont la cour intérieure adossée aux rochers se couvre d'une verrière contemporaine à la structure d'acier. Une manière inattendue de créer un nouveau lieu de vie.

L'aluminium

Matériau dit moderne, l'aluminium compose la structure de nombreuses vérandas. Ses performances mécaniques satisfaisantes, sa facilité d'entretien, le grand choix de couleurs qu'il propose et son aspect économique en ont assuré le succès, bien que ce dernier point soit remis en question par l'apparition des ruptures de pont thermique. Cependant, ses qualités indiscutables ne doivent pas faire oublier son principal défaut, son grand pouvoir conducteur, et une certaine rigidité qui contrarie son intégration à des bâtiments anciens.

Un défaut corrigé

L'aluminium est très conducteur. Chacun a eu, un jour, l'occasion de le constater : quand la température extérieure est basse, les montants de fenêtres, de portes ou de véranda sont très froids, voire glacés. Ce handicap, majeur en hiver, car il favorise l'effet de paroi froide, n'a paradoxalement pas ralenti le développement des vérandas en alu, celui-ci s'appuyant sur l'opposition avec l'acier, prétendument plus conducteur (en fait, trois fois moins). Le confort thermique devenant un aspect fondamental des logements, les fabricants se sont penchés sur le problème et ont mis au point les profils à rupture de pont thermique. Le principe est simple et assez efficace : deux profilés sont reliés entre eux par un matériau inerte comme le plastique. Le froid ne passe pas, le chaud non plus, réduisant par la même occasion les déperditions des façades. La conception de ces profils offre en outre une possibilité de bi-coloration, c'est-à-dire de deux couleurs différentes pour l'intérieur et l'extérieur. Aujourd'hui, à peine 50 % des vérandas en alu bénéficient de ces ruptures de pont thermique, avec des variations régionales entre l'est de la France (presque 100 %) et le sud (moins de 30 %).

Une intégration difficile

L'aluminium est indissociable d'une certaine image de modernité qui s'accommode mal du style et du caractère d'une maison ancienne. La véranda d'aujourd'hui n'est plus conçue comme une verrue accolée à la maison et utilisable seulement une partie de l'année, faute d'isolation et de chauffage. Les futurs acquéreurs attendent d'elle qu'elle s'intègre le mieux possible à leur

Jeux de facettes verticales pour cette véranda en aluminium dont l'implantation articule mur de pierre et bardage de red cedar. Mariage de matières pour une composition graphique…

L'aluminium s'adapte particulièrement bien aux projets contemporains. Incapable de fournir des pièces courbes, il se valorise dans des compositions graphiques, comme cette verrière de façade.

maison, et qu'elle soit aussi fonctionnelle qu'esthétique. De ce point de vue, l'aluminium rencontre quelques difficultés car, s'il s'adapte à merveille aux projets contemporains, il s'accorde moins bien aux réalisations qui impliquent un respect de l'ancien et un accord de styles. Matériau moderne, il perd son identité à vouloir plagier les vérandas en acier ou en bois. A lui les grandes baies vitrées, les verrières de façade ou de toiture. A l'acier et au bois, l'esprit anglais et le style victorien.

Un réseau de distribution très important

L'aluminium a des qualités incontestables, mais il a aussi des défauts, à l'instar de l'acier et du bois. Pourtant, il est très nettement prédominant sur le marché de la véranda, et on peut légitimement se demander ce qui justifie cette suprématie. Deux raisons peuvent expliquer cet état de fait. La première concerne la lenteur de réaction de l'acier face aux exigences de confort et d'isolation. Ce dernier, en effet, a longtemps été catalogué comme le matériau conducteur par excellence (à tort !), difficile d'entretien (c'était vrai) et trop mince pour recevoir des doubles vitrages (il suffisait de l'adapter). L'aluminium n'a eu qu'à s'engouffrer dans cette brèche pour s'imposer. Il s'est d'ailleurs si bien imposé que, même si l'acier a beaucoup évolué et offre aujourd'hui des performances équivalentes, voire supérieures, il peine encore à retrouver sa place au cœur du marché. La seconde raison concerne le réseau de distribution très important des vérandas en aluminium. Les fabricants de profils sont de très grosses sociétés dont les moyens financiers et commerciaux n'ont rien de comparable avec ceux des serruriers et des ferronniers. Ces derniers sont d'autre part souvent des artisans, dont le savoir se transmet de père en fils. Le martèlement pour l'aluminium est tel que la plupart des futurs acquéreurs de vérandas ne se posent même pas la question. Soyons clairs, il ne s'agit pas de rejeter l'aluminium qui possède de nombreuses qualités parmi lesquelles un coût raisonnable, mais plutôt de le choisir en connaissance de cause. Serait-ce une nouvelle version du combat de David contre Goliath ?

Mariage de matériaux pour cette extension en aluminium époxy bleu raccordée au bâtiment existant. La structure de la véranda se marie avec le mur de pierre et la couverture de tuiles plates, en prenant soin de maintenir une parfaite étanchéité.

Implantée contre le pignon de la maison qui a été ouvert, la véranda permet de bénéficier de l'environnement du jardin et de la piscine même quand la météo ne le permet pas. Sa structure en aluminium s'inscrit dans le prolongement des baies vitrées de la maison.

Les pièces à vivre

Les verrières et les vérandas ont des atouts incontestables pour devenir des lieux de vie recherchés, la profusion de lumière et l'ouverture sur l'extérieur étant les plus déterminants. Souvent créée en vue d'une extension, la véranda peine parfois à se trouver une identité, et la fonction d'agrandissement n'apparaît pas comme son premier rôle fonctionnel. L'expression « pièce à vivre » est sans doute le plus fréquemment employée pour définir cet espace aux moult fonctions où chaque membre de la famille trouve sa place.

Un espace convivial et familial

Ce qui caractérise la véranda est souvent une absence d'affectation à tel ou tel membre de la famille, comme cela se passe pour les autres pièces de la maison, de même qu'elle n'a pas toujours d'identité fonctionnelle précise : elle abrite volontiers les jeux des jeunes enfants, de même qu'elle est un lieu privilégié pour les personnes âgées. La pratique des repas familiaux est l'une ses plus fréquentes affectations lorsque certaines conditions sont remplies (la proximité avec la cuisine et un chauffage efficace en particulier), mais elle abrite volontiers tous les espaces de vie commune de la famille, devenant ainsi le lieu d'un nouvel art de vivre pour lequel les valeurs de loisir et de détente prennent de plus en plus d'importance. Des relations familiales plus décontractées et une convivialité moins rigide sont bien le reflet d'une évolution de la société vers des règles sociales plus permissives.

Un nouveau lieu de réception

La décontraction qualifie l'ensemble des activités exercées dans la véranda et notamment celle de la réception, pour laquelle son espace est un lieu idéal où l'on reçoit ses proches, ses amis et sa famille, la réception « d'officiels » restant réservée au cadre traditionnel de la salle à manger et du séjour (même si ce type de relations sociales tend à disparaître). On y reçoit pour le café, l'apéritif ou un repas en toute détente, dans la mesure où la véranda échappe à un certain nombre de contraintes qu'impose un salon (ne pas salir, ne pas abîmer, s'habiller en fonction…) au profit d'une convivialité moins cérémonieuse. Chacun a un jour observé que la tenue vestimentaire, la décoration, les règles de tenue qu'elle implique influent sur le comportement. La particularité de la véranda est de décontracter ses occupants, qualité précieuse pour garantir la réussite d'un repas ou d'une soirée… En fait, elle offre un lieu différent pour faire, autrement, ce que l'on faisait déjà avant.

Une relation privilégiée avec la nature

La transparence des verrières et des vérandas leur accorde à toutes une relation très particulière avec l'extérieur, avec la nature entre autres. Tous les habitants de tels lieux de vie s'accordent sur le plaisir de pouvoir en profiter sans en subir les inconvénients. A l'abri du vent, de la pluie et du froid, la nature devient un véritable spectacle dont l'on peut jouir à volonté. Cette maîtrise des contraintes météorologiques donne aux occupants une totale liberté de vie : manger (presque) dehors sous la pluie, vivre au milieu des plantes en permanence sans les insectes qu'elles supposent, admirer le spectacle d'un orage transformé en sons et lumières… La véranda offre ainsi un semblant de contrôle sur la nature, et permet d'en profiter tout au long de l'année.

Complètement décloisonné et largement éclairé, le séjour se transforme en véritable pièce à vivre grâce à une ouverture sur l'ensemble de l'appartement.

Jeux de niveaux, de passerelles, d'ouvertures et de transparence permettent à cet espace ouvert de laisser diffuser la luminosité apportée par la grande verrière de façade.

Les pièces à vivre

Offerte par la verrière, la diffusion de la lumière zénithale est favorisée par l'absence de cloison. Des ouvrants de toiture contribuent à la ventilation de l'espace tandis qu'un store réduit les éventuelles surchauffes du soleil de midi.

Créée en prolongement de la cuisine, la véranda abrite un « coin repas » si convivial qu'il est rapidement devenu le lieu de retrouvailles de la famille, supplantant la véritable salle à manger de la maison.

Mi-séjour mi-coin repas, cette grande pièce à vivre s'abrite derrière l'ancienne façade de hangar transformée en verrière.

Réalisée grâce à une percée du toit terrasse, cette verrière pyramidale laisse apparaître une structure en bois à l'intérieur, doublée à l'extérieur d'une structure en aluminium protectrice.

Les verrières à faible pente

Justifiée par la différence de niveau entre l'avant et l'arrière de la maison, cette extension a été réalisée en creusant le sous-sol. L'espace enterré, ceinturé de murs en béton, a ensuite été couvert de dalles de verre de 2,6 cm d'épaisseur, créant une verrière spectaculaire. La cuisine salle à manger située en dessous bénéficie d'une intense luminosité adoucie en été par le feuillage des arbres voisins.

L'art et la manière de redonner vie à un ancien atelier grâce à la création d'une verrière qui remplace la toiture d'origine. Réalisée à l'ancienne, en acier, cette dernière s'intègre parfaitement à l'esprit des lieux.

Surprenant et original, ce balcon se transforme en puits de lumière grâce à son plancher en verre, et apporte ainsi de la luminosité au rez-de-chaussée.

Elles concernent les verrières dont la pente est inférieure à 10° pour un simple vitrage, et à moins de 15° dans le cas d'un vitrage isolant. Réalisées grâce à une technicité récemment maîtrisée, ce type de verrière appartient à l'actualité de l'architecture, mais pas encore à son histoire. Les organismes certificateurs, les bureaux d'études et les compagnies d'assurances ont, dans ce domaine, des exigences qui paraissent parfois excessives au concepteur, mais qui sont cependant justifiées par le manque de recul dont l'on dispose à propos de ce type de réalisations.

De violents contrastes thermiques

L'horizontalité dont se rapprochent les verrières à faible pente leur impose un comportement thermique plus brutal que la moyenne des verrières de toiture. Les risques de surchauffe sont en effet plus importants l'été, de même que le sont les déperditions de chaleur en hiver. L'action du soleil est décuplée, ce qui impose certaines dispositions indispensables au confort intérieur. Le degré d'exigence varie en fonction de l'usage, régulier ou occasionnel, qui est fait des lieux. Mais il est toutefois indispensable de prévoir des dispositifs destinés à réduire la montée en température. Parmi eux, les velums et stores intérieurs sont sans doute le plus couramment utilisés. D'un autre côté, il est judicieux d'exploiter les phénomènes de stratification de la chaleur, qui tendent à concentrer l'air le plus chaud sous la paroi vitrée. Ainsi, plus la verrière est haute, plus l'air est supportable au niveau du sol. L'évacuation de l'air chaud est donc possible par convection naturelle, à travers des ouvertures réalisées dans la verrière ou dans les murs latéraux.

Deux contraintes majeures

La conception des verrières à faible pente doit prendre en considération deux contraintes que leur spécificité rend essentielles. La première concerne l'évacuation des eaux de pluie, qui ne doivent en aucun cas stagner sur la verrière, car elles risqueraient de mettre en péril son étanchéité. Plus la pente de la verrière est faible, plus le pan de verre doit être lisse et régulier, de même qu'aucun élément de structure ne doit contrarier le ruissellement de l'eau. La rigidité de la structure est sur ce point essentielle, car elle évite la formation d'éventuelles contre-pentes pouvant favoriser la formation de retenue d'eau. La seconde contrainte importante est relative à la neige, dont la charge permanente peut fragiliser le verre en provoquant des microfissures. Invisibles à l'œil nu, elles affectent cependant la résistance du matériau.

Des vitrages à rude épreuve

Les verrières à faible pente exposent leur vitrage à des chocs thermiques brutaux qui ne sont pas sans risque pour eux. Pour ce qui est d'un vitrage feuilleté, notamment, le risque d'échauffement est suffisamment élevé pour provoquer un ramollissement du film PVB qui relie les vitres entre elles, et engendrer un glissement relatif de l'une par rapport à l'autre. Concernant les doubles vitrages, l'impossibilité de ventiler les joints transversaux risque d'augmenter les risques de remontée d'humidité. Leur qualité doit donc être irréprochable.

Difficile de rester tenté par la réalisation d'une verrière à faible pente après une telle déclinaison d'inconvénients ! Pourtant, même si elle est plus chère à étudier qu'une toiture terrasse, elle reste incomparable grâce à l'éclairage zénithal qu'elle offre.

TECHNIQUE

La ventilation

Le châssis ouvrant est d'autant plus utile lorsqu'il concerne une verrière de toiture qui ne possède aucun autre moyen d'évacuer l'air chaud.

Classique, l'ouverture battante des vantaux de fenêtre a l'inconvénient d'exiger un débordement intérieur, ce qui gêne parfois l'agencement. Elle présente cependant l'avantage d'offrir une véritable ouverture sur l'extérieur.

Souvent sous-estimées au moment de la conception de la véranda, la ventilation et l'aération sont indispensables en période estivale pour évacuer le surplus de chaleur et éviter les risques de surchauffe, mais elles ont aussi leur rôle à jouer tout au long de l'année. Bien étudiée, la ventilation peut aussi permettre de diriger vers le logement l'air chaud produit par la véranda et réduire ainsi la facture de chauffage.

Une convection naturelle essentielle

Une ventilation efficace repose sur la mise en pratique de la convection naturelle. Celle-ci est produite par la création d'une entrée d'air frais extérieur couplée à celle d'une sortie d'air chaud. L'entrée d'air froid est située en partie basse et l'évacuation de l'air chaud en hauteur. On considère que la convection naturelle est efficace à partir d'une différence de niveaux de 1,80 m entre les deux bouches, la section de la bouche supérieure étant équivalente à 1,5 fois celle de la bouche inférieure. Il est important que l'évacuation d'air chaud ne soit pas trop importante, car elle risque de provoquer une baisse de température dans la véranda. On considère que le renouvellement d'air ne doit pas dépasser de trois à quatre fois son volume. La véranda peut également permettre de faire transiter de l'air froid provenant de l'extérieur pour qu'il s'y réchauffe, avant de l'évacuer vers le logement par des bouches supérieures. Pendant la saison de chauffe, ce système permet de préchauffer l'air qui pénètre dans le logement.

Des ouvrants réducteurs de surchauffe

En plein été, il est indispensable de prévoir, en plus de la ventilation régulière, un système d'évacuation de la chaleur afin de réduire le phénomène de surchauffe. La conception et l'emplacement des ouvrants deviennent alors essentiels. On distingue les ouvrants de façade et ceux de toiture. En diminuant les surfaces soumises au rayonnement solaire, l'ouverture des baies vitrées réduit aussi l'effet de serre, mais cet intérêt majeur ne devient réellement efficace que si elle provoque parallèlement un courant d'air. C'est l'une des raisons du succès des baies coulissantes car elles permettent d'obtenir un maximum d'ouverture avec

Outre l'avantage de ne pas créer d'encombrement intérieur, facilitant ainsi l'aménagement des allèges, l'ouverture oscillante des vitrages permet une ventilation efficace de la véranda en modulant son angle d'ouverture.

Les ouvrants de toiture sont indispensables pour réduire les surchauffes car ils permettent, une fois ouverts, d'évacuer l'air chaud et de favoriser la ventilation en accélérant la circulation de l'air dans la véranda.

un encombrement minimal. Cette faculté d'ouverture maximale constitue d'ailleurs un critère important du confort d'une véranda et est, de ce fait, très recherchée dans la conception des projets. Malheureusement, les ouvrants coûtent cher et augmentent le montant du devis de façon considérable. Ils sont donc souvent négligés au prix d'un confort moindre. Le châssis ouvrant en toiture reste cependant indispensable et très utile, car il permet d'évacuer l'air le plus chaud stocké sous la toiture par effet de stratification. Son coût vaut largement son efficacité et le confort supplémentaire qu'il apporte.

Des vents perturbants

L'effet du vent sur une véranda peut entraîner des différences de pression qu'une ventilation bien conçue peut rétablir. En effet, la façade soumise « au vent » est en surpression alors que celle située « sous le vent » se trouve en dépression. Le courant d'air créé par l'ouverture des deux bouches de ventilation tend à rétablir ce déséquilibre, à condition que la section de la bouche « sous le vent » (bouche haute destinée à l'évacuation d'air chaud) soit équivalente à 1,5 fois celle de la bouche « au vent ». Dans tous les cas, il est préférable de placer la bouche d'entrée d'air sur la façade la plus exposée aux vents dominants et non aux vents gênants. D'autre part, en l'absence de vent, la ventilation transversale s'opère naturellement de la façade à l'ombre, en surpression, vers la façade ensoleillée, en dépression puisque plus chaude.

EFFICACITÉ DES OUVERTURES

1
2
3
4

1 Grande entrée et petite sortie : la vitesse du courant d'air est faible

2 Petite entrée et grande sortie : la vitesse du courant d'air est élevée

3 Entrée haute et sortie basse : il y a formation de surpressions

4 Entrée basse et sortie haute, 1,5 fois plus grande que l'entrée : le courant d'air est optimum

La véranda insolite

Elle surprend et étonne, par son implantation, sa situation ou sa forme. Toujours créative et personnalisée, sa conception se fait parfois au détriment d'un bon fonctionnement thermique. Imprévisible, elle échappe aux règles traditionnelles d'implantation et s'épanouit dans des formes inédites et uniques.

La structure de bois s'habille de vitrages synthétiques dont la résistance et la transparence ne sont plus à démontrer. Une mezzanine permet au 1er étage de bénéficier à la fois de la lumière et de la vue.

Nouvelle interprétation du style normand pour cette maison qui a choisi de s'ouvrir au maximum sur la nature environnante. La surprise est assurée par l'étonnante véranda triangulaire qui assure à la maison une luminosité exceptionnelle.

La véranda insolite

La véranda devient insolite lorsqu'elle crée la surprise. Une implantation inattendue, un matériau étonnant, une forme originale sont autant d'aspects qui peuvent la faire sortir de la norme et la transformer en une création unique. Cette démarche créative, essentiellement esthétique, ne doit cependant pas faire oublier l'importance que revêt l'aspect thermique spécifique, lié à la surface considérable que représentent les baies vitrées.

Une implantation inattendue

Pour surprendre, une implantation de véranda ou de verrière doit échapper aux situations classiques du type adossée, en épi, en angle… Elle peut être rehaussée par rapport au niveau de la maison, pour permettre d'accéder à une vue plus spectaculaire, ou semi-enterrée, pour s'offrir une meilleure isolation. Chacune ayant bien entendu un comportement thermique spécifique. Celui-ci est en effet déterminé par la façon particulière avec laquelle un bâtiment s'intègre dans le paysage. Chaque construction, chaque véranda présente un profil différent, et on constate qu'en général la simplicité du profil contribue à la bonne isolation : une véranda bien isolée mais de profil compliqué subira plus de déperditions qu'une autre moins bien isolée mais mieux profilée. Le profil est un cocktail de style, de structure, de créativité, de fonction et de volume. Lorsqu'une véranda est bien conçue, son profil s'intègre naturellement dans le paysage.

Conçue comme un grand bow-window, cette véranda développée en facettes évoque une pierre précieuse dissimulée au cœur des bougainvillées.

Quand l'extension n'est pas réalisable en surface, la solution est d'exploiter la hauteur. Conçue à partir d'une structure de bois, la véranda est couverte de plaques d'altuglas et crée un véritable puits de lumière au cœur de la maison.

Avec sa toiture à facettes de diamant, la véranda attire l'attention dès l'arrivée, sacralisée par l'encadrement des deux cyprès. De larges ouvertures sur ses trois faces lui offrent de belles perspectives sur le jardin et se complètent d'un système de ventilation astucieux intégré au faîte de la toiture.

Une forme originale

La recherche d'intégration dans le paysage, la diminution des déperditions sont de très bonnes raisons pour simplifier la forme de la véranda. Tenir compte des conditions d'orientation sans s'encombrer du carcan de la tradition peut conduire à des projets vraiment créatifs. Réduire les façades tournées vers le nord et privées de soleil, tourner le dos aux vents dominants, enterrer les façades trop exposées sont autant de démarches qui peuvent conduire à de véritables réductions des déperditions thermiques en satisfaisant un besoin intuitif souvent négligé qui consiste à respecter l'environnement et à s'intégrer sur les lieux en douceur.

Un fonctionnement à respecter

La créativité et l'imagination ne doivent pas se développer au détriment d'un fonctionnement contrarié et d'un confort compromis. Il arrive en effet bien souvent que certaines créations particulièrement originales soient de véritables aberrations thermiques : véranda exposée aux quatre vents, façades à simple vitrage en épi sur le bâtiment, absence totale d'isolation et de protections solaires, insuffisance d'ouvrants et de ventilation… la liste peut être longue ! Le mariage de la créativité et de la technique n'est pas toujours une réussite et on peut à juste titre le regretter. Les créateurs sont parfois de piètres techniciens, tandis que les techniciens manquent souvent d'imagination. Les cas de vérandas insolites dont le comportement thermique est une vraie réussite sont malheureusement peu fréquents, si ce n'est peut-être parmi les réalisations d'architecture bioclimatique. Reposant sur un respect de l'environnement et sur une exploitation juste des conditions climatiques, cette architecture, à la fois jeune et ancestrale, ne s'embarrasse pas de normes esthétiques rigides et donne fréquemment naissance à des projets innovants autant sur le plan esthétique que sur le plan thermique.

Insolite et inclassable, ni véranda ni bow-window, les baies vitrées s'inscrivent sous un dôme couvert de mosaïque, partie intégrante d'une maison construite en terre crue. Cette spécificité lui accorde une thermorégulation exceptionnelle liée à la capacité d'inertie de la terre.

MATÉRIAUX

Le bois

Occupant une faible part du marché, la véranda en bois est, en dépit de nombreux atouts, désavantagée par un coût plus important que la véranda en aluminium. Elle occupe une place équivalente à celle de la véranda en acier, offrant comme elle des avantages esthétiques indiscutables et une vraie personnalité au projet. Mal connue, elle doit séduire et défendre ses qualités réelles pour justifier son budget plus important et lutter contre une suprématie de l'aluminium.

Des essences de bois inadaptées

Le choix de l'essence du bois qui compose la structure est essentiel pour garantir sa durabilité et sa facilité d'entretien. Ainsi tous les bois fissiles (ayant tendance à se fendre) comme le chêne, le châtaignier ou le sapin, sont tout à fait contre-indiqués. La véranda est en effet le lieu de chocs thermiques importants, et la capacité de ces bois à se fendre est susceptible de mettre en péril la résistance de sa structure. De plus, les fentes du bois sont autant de portes ouvertes aux infiltrations d'humidité et de champignons en tout genre. Les bois exotiques, dits bois rouges, sont également peu adaptés à ce type d'ouvrage. Trop gras pour absorber les traitements de lasure de façon satisfaisante, ils conditionnent un traitement d'entretien beaucoup plus fréquent (tous les trois ans, contre tous les dix ou quinze ans pour une véranda bien conçue). Les bois dits bois de fer (ipé, azobé...) sont également déconseillés car, s'ils sont très denses et très résistants, ils sont aussi très lourds et très difficiles à travailler.

Le red cedar, champion incontesté

Le bois le mieux adapté à la création de véranda reste le célèbre red cedar. Importé du Canada, ce bois léger, inerte quand il est sec, a un coefficient de dilatation quasi nul, est un remarquable isolant et supporte très bien les lasures. Il n'en faut pas davantage pour en faire le bois de prédilection entrant dans la composition de la majorité des vérandas en bois. Le teck, dont les qualités sont comparables à celle du red cedar, a en

Les volumes vitrés très importants de cette verrière sont compensés par une structure en bois composée de poutres de forte section.

Paradoxalement, ce n'est pas l'aspect bois qui motive le choix d'une véranda en bois, puisque la majorité d'entre elles reçoit une finition de lasure blanche.

revanche l'inconvénient d'être plus lourd et plus cher. Les bois traités par autoclave sont également adaptés à la réalisation de vérandas, et ont l'avantage d'être plus économiques.

Esthétiques et thermiques, des qualités indiscutables

Les avantages de la véranda en bois se partagent entre l'esthétique et le confort thermique et acoustique. Contrairement à certaines idées reçues, la structure en bois d'une véranda n'exige pas de fortes sections et la largeur des montants de façade se rapproche plus de celle de la structure en acier que de celle de la structure en aluminium. Le style n'est donc pas obligatoirement rustique et s'adapte à tous types de projets, et en particulier à des créations contemporaines. Le bois est connu pour être un remarquable isolant et cette qualité en fait un matériau très apprécié dans la véranda. Son très faible pouvoir conducteur réduit le phénomène de paroi froide, d'une part, et les déperditions nocturnes, d'autre part. Le confort thermique est donc très satisfaisant et s'enrichit d'un confort acoustique qui n'a pas d'équivalence dans les autres types de vérandas. La faculté d'absorption du bois réduit en effet les phénomènes de résonance et accorde aux vérandas en bois une ambiance sonore inégalable.

La véranda en bois a de nombreux avantages qui en font un ouvrage de qualité soumis à la patine du temps, ce qui lui permet de s'harmoniser avec le bâtiment qu'elle côtoie. Malheureusement, sa qualité en fait un produit de haut de gamme dont le coût, équivalent à celui de la véranda en acier, reste le principal désavantage.

Encadrant le coin repas très lumineux, les deux baies vitrées doivent leur esthétique particulière aux croisillons de contreventement en bois, destinés à rigidifier la structure de la maison.

Véritable squelette, l'ossature en bois de cette véranda en cours d'exécution laisse deviner son rôle structurel essentiel et le soin avec lequel elle doit être conçue et réalisée.

La véranda en bois s'intègre parfaitement au style normand de la maison en partie grâce aux petits bois des vitrages qui s'harmonisent avec les fenêtres du bâtiment.

Les stores et les protections

Soumises à des rayonnements solaires importants, les verrières et les vérandas doivent impérativement s'équiper de systèmes de protection pour lutter contre les risques de surchauffe et réduire l'effet de serre. Plus efficaces lorsqu'ils sont placés à l'extérieur, ils sont plus esthétiques lorsqu'ils le sont à l'intérieur.

Une protection indispensable

Si le rayonnement solaire est source de bien-être dans les vérandas, il est aussi source de désagrément lorsqu'il engendre un effet de serre important et provoque des surchauffes très pénibles en été. Ces dernières peuvent être réduites par l'ouverture maximale des parois vitrées qui, provoquant une importante circulation d'air, permet d'abaisser la température. Cet avantage compense en général l'inconvénient provoqué par la création de courants d'air. La création de protections se justifie donc tout particulièrement pour les baies fixes, verticales ou inclinées, pour limiter les surchauffes, mais aussi pour éliminer le désagrément d'être exposé au soleil le plus dur quand la saison porte plutôt à rechercher l'ombre et la fraîcheur.

Des protections extérieures efficaces

La protection solaire est particulièrement indispensable lorsque la toiture est vitrée, l'effet de serre étant accentué par la présence du verre. Pour une réelle efficacité, elles devront être placées à l'extérieur de la véranda afin d'intercepter le rayonnement solaire avant qu'il n'atteigne le verre et qu'il ne déclenche le phénomène d'effet de serre. En effet, un vitrage non protégé laisse passer le rayonnement. Dans le cas d'un store intérieur, le rayonnement se trouve piégé entre le verre et le store proprement dit. Il s'ensuit une élévation de température des systèmes de protection eux-mêmes, mais aussi de l'air emprisonné. Ils deviennent alors de véritables capteurs solaires, fonctionnent enfin comme des radiateurs, et ont finalement l'effet inverse de celui recherché. Stores, volets roulants, pare-soleil sont autant de systèmes efficaces dont la fixation pose cependant souvent un problème sur une véranda existante. Pour cette raison, il est toujours préférable de prévoir ces systèmes dès la réalisation de la véranda de telle façon qu'ils soient intégrés à la structure. La solution la plus architecturale, et sûrement la plus élégante, est l'intégration d'un brise-soleil à la structure de la véranda. Cependant, ce système demande une étude préalable assez fine et une parfaite connaissance des aspects géométriques de la course du soleil.

Des protections intérieures esthétiques

Il arrive que les stores intérieurs représentent la seule solution de protection envisageable. Peu efficaces pour la protection thermique, ils le sont cependant pour limiter les déperditions, à condition de comporter des matériaux appropriés et d'être étanches. Il est important de réduire le plus possible leur effet « capteur » grâce à une face réfléchissante d'aspect argentée ou simplement blanche tournée vers l'extérieur. Leur capacité à réfléchir le flux solaire vers l'extérieur permet en effet de réduire l'effet de serre. L'atout majeur des stores intérieurs est leur caractère esthétique et décoratif, car il contribuent à la personnalisation de l'espace. Ils ont en outre, et particulièrement lorsqu'il s'agit de velums et de tissus tendus, l'avantage d'offrir une ambiance sonore plus agréable, en absorbant les sons.

Les gandes surfaces inclinées et vitrées accroissent le phénomène de surchauffe

Les vérandas savent aussi s'habiller de stores à lamelles de bois ou d'acier qui ont l'avantage d'être réglables et d'offrir éventuellement une occultation presque totale. Même repliés, ces stores restent encombrants et ont tendance à réduire le clair de vue des vitrages.

Dans cette véranda en acier dédiée à la piscine, les velums suspendus sur des câbles interceptent les rayonnements solaires les plus hauts, réduisant ainsi les risques de surchauffe, et filtrent la lumière parfois trop vive.

Les stores et les protections

La mise en place de stores filtrants est essentielle pour garantir le confort d'habitation, et le budget qu'ils représentent doit être pris en considération dès le début, d'autant qu'ils sont le plus souvent réalisés sur mesure.

Les stores bateau qui habillent cette grande verrière ont le double intérêt de filtrer la luminosité parfois trop vive, et de réduire la sensation de paroi froide une fois la nuit tombée.

Il est important de savoir que si les protections sont indispensables pour protéger la véranda des excès du soleil, elles sont également très utiles lorsqu'il s'agit de réduire les déperditions nocturnes ou hivernales.

La protection solaire peut également s'effectuer par l'extérieur, comme dans ce cas, avec un store banne destiné à s'ouvrir au-dessus de la toiture de verre. Un tel store réduit l'effet de serre en interrompant la course des rayons du soleil avant qu'ils ne pénètrent dans la véranda.

L'environnement végétal

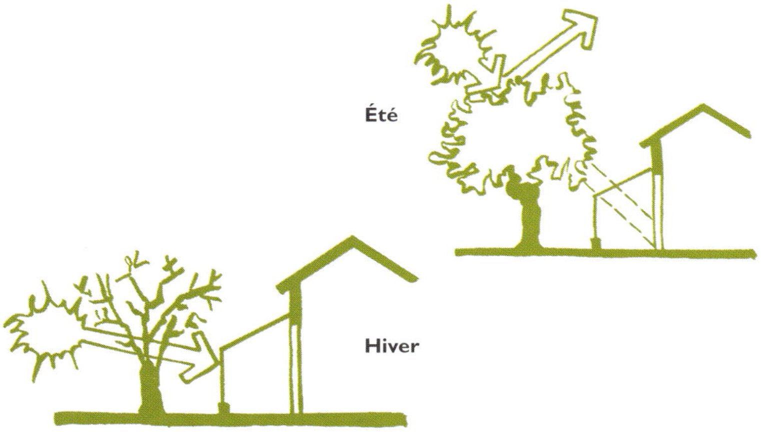

La végétation peut jouer son rôle de filtre solaire en progressant directement sur la véranda. Attention cependant à l'entretien des vitrages et de la structure. Il est recommandé de mettre en place un support parallèle.

La présence de la végétation à proximité de la maison, et de la verrière en particulier, est toujours satisfaisante, car elle a la faculté d'atténuer le rayonnement de chaleur réfléchi par les routes, les chemins, les plans d'eau, et les patios.

La maison et sa véranda bénéficient de l'ombrage d'un platane centenaire qui filtre les rayons du soleil aux heures les plus chaudes.

Devant une verrière d'une telle hauteur, la plantation d'arbres à feuilles caduques est intéressante pour filtrer les rayons bas du matin et de l'après-midi. Elle est donc particulièrement adaptée aux orientations est et ouest.

Les moyens de protection passifs suffisent parfois à assurer le confort d'une véranda. Pourtant, ils sont souvent sous-estimés au prix de systèmes de chauffage et de climatisation sophistiqués et coûteux. On constate que lorsque l'étude d'un projet tient compte finement du climat et de l'environnement, il ne nécessite qu'un faible équipement complémentaire pour assurer son confort en toutes circonstances. L'environnement végétal fait partie de ces atouts à prendre en compte.

Ralentir la montée en température

La première démarche utile pour réduire l'effet de serre et ses effets de surchauffe est de réduire la montée en température de la véranda. Le moyen le plus direct consiste tout simplement à intercepter le rayonnement solaire avant qu'il n'atteigne les parois vitrées. Les plantations d'arbres, de buissons et de treilles permettent sous de nombreux climats d'offrir une ombre bénéfique sur les constructions. Les arbres à feuilles caduques sont très recherchés pour jouer ce rôle, en particulier lorsque les façades sont exposées au sud, à l'est et à l'ouest. C'est en effet vers ces trois orientations que l'apport solaire est difficile à gérer dès le printemps, mais aussi en été et en automne. A la fin de l'automne, à la tombée des feuilles, ils laissent le soleil réchauffer les baies vitrées aussi bien que le sol, faisant fondre neige et glace. Dans le même esprit, treilles et plantes grimpantes offrent un bel écran de verdure qui disparaît également à la saison froide. Sachez que même les arbres nus interceptent une partie du rayonnement solaire dont l'angle, proche de 60° en été, se réduit à seulement 20° à midi en hiver. Dans tous les cas, l'utilisation d'arbres à feuillage persistant est déconseillée, car ils contrarient le fonctionnement de la véranda, en hiver comme en demi-saison.

Réduire le rayonnement du sol

La végétation a également un rôle important à jouer lorsqu'il s'agit de maîtriser le rayonnement du sol, donc la température de l'air ambiant. Arbustes bas, buissons et pelouses atténuent le rayonnement réfléchi par les routes, les chemins et les étendues d'eau, et évitent, en ombrageant le terrain, la formation de chaleur dans le sol. Arrosés le matin, ils rafraîchissent l'air qui les traverse et apportent ainsi de la fraîcheur à leur entourage.

Protéger du vent

Une véranda peut, par son implantation, être particulièrement exposée au vent. Ce dernier étant un facteur de refroidissement important, il s'avère parfois très utile de l'en protéger. Plus elle est encastrée, moins elle offre de prise au vent. Par opposition, c'est la véranda en épi (n'ayant qu'une façade commune avec la maison) qui est la plus soumise à la pression des vents. Ce ne sont pas forcément les vents dominants de la région qui sont à prendre en compte mais plutôt ceux qui s'associent à des températures très basses ou dont la violence est importante. La protection aux vents peut s'effectuer de différentes façons : en adaptant l'architecture et en créant des murs maçonnés protecteurs, ou en structurant l'environnement végétal. Les brise-vent végétaux doivent à la fois protéger du vent et préserver l'ensoleillement hivernal. On considère que leur hauteur ne doit pas être supérieure à environ 0,4 fois la distance qui les sépare de la véranda, ce qui correspond à un angle de 20° (angle du rayonnement solaire hivernal moyen à midi).

L'isolation

Dormir presque à la belle étoile, au milieu du jardin... un rêve réalisé qui a su préserver le confort grâce à des vitrages à isolation renforcée dont la surface moins froide réduit l'effet de paroi froide.

L'effet « cage de verre » de cette véranda, obtenue au prix de la suppression de la structure, risque de nuire de façon importante à son confort. En effet, pas de structure, donc pas de double vitrage !

La plupart des vérandas d'aujourd'hui sont conçues comme des lieux d'habitation à part entière et exigent à ce titre un confort équivalent à celui du logement. Celui-ci est cependant plus difficile à obtenir car les conditions de fonctionnement d'une véranda sont très différentes de celles d'une construction classique. Grande productrice de chaleur, elle en perd également beaucoup. Son confort repose sur la gestion des apports comme des pertes, et pose le problème de son isolation.

Isoler le sol et les fondations

L'isolation de la dalle sur laquelle repose la véranda se justifie à la fois sur le plan thermique et sur le plan du confort. Thermiquement, cette isolation évite les déperditions de chaleur dans le sol et permet à la dalle de jouer pleinement de son inertie : la chaleur qu'elle reçoit et qu'elle accumule durant la journée est restituée le soir vers l'espace intérieur de la véranda. Les variations de température sont alors moins brutales. Absolument indispensable lorsque la véranda est équipée d'un plancher chauffant, l'isolation du sol accorde un confort permanent en réduisant, même en dehors des périodes de chauffe, le phénomène de paroi froide provoqué par un sol non isolé.

Isoler les façades

Les surfaces vitrées de la véranda sont une grande source de déperditions auxquelles contribue parfois la structure. En effet, les baies en aluminium peuvent perdre plus de chaleur par l'intermédiaire des montants que par le double vitrage. Le choix du double vitrage est indiscutable dans la mesure où la véranda concerne une pièce d'habitation qui doit être habitée tout au long de l'année. Il se justifie moins quand l'usage est occasionnel. La déperdition de chaleur par l'intermédiaire de la structure est nulle quand celle-ci est en bois (grâce à son grand pouvoir isolant), faible quand elle est en acier (grâce au faible dimensionnement des montants), mais importante lorsqu'il s'agit

Difficile d'isoler une véranda dont les quatre façades sont exposées à tout vent ! Vitrages à isolation renforcée, stores et occultations de toiture permettront malgré tout de réduire les phénomènes thermiques susceptibles de nuire à son confort.

L'isolation d'une véranda zénithale implantée au cœur de la maison ne pose pas de vraie difficulté puisqu'elle bénéficie de l'inertie de la maison.

d'aluminium. Les profils à rupture de pont thermique peuvent remédier à cet inconvénient, au prix malheureusement d'un surcoût non négligeable. Le principe est très simple : un matériau inerte comme du plastique est inséré entre deux profils distincts. La chaleur ne passe pas, le froid non plus. Concernant l'isolation des façades, les stores et les protections ont également un rôle à jouer, variable selon qu'ils se placent à l'intérieur ou à l'extérieur de la véranda (voir page 72).

Faut-il isoler la véranda du logement ?

La séparation de la véranda et du logement peut être une solution pour éviter les déperditions thermiques importantes. Constituée par l'enveloppe extérieure du logement ou par un cloisonnement rapporté, cette isolation doit posséder une certaine inertie côté véranda pour être intéressante sur le plan thermique. En clair, il faut qu'elle soit composée d'éléments maçonnés épais de 20 à 40 cm pour être capable de stocker la chaleur et la restituer lorsqu'il fait plus froid. Une telle inertie thermique peut contribuer à la réduction des surchauffes. Une véranda non chauffée doit obligatoirement être isolée de la maison. Afin de préserver le confort de cette dernière, l'isolant est placé de préférence sur la face interne du mur, côté maison. Il arrive de plus en plus souvent que la véranda soit conçue dans le cadre d'un agrandissement. La séparation est alors difficile à réaliser sans contrarier l'aménagement intérieur. L'espace véranda obtenu nécessite de ce fait un système de chauffage efficace pour équilibrer les déperditions thermiques dues aux surfaces vitrées, même en cas de double vitrage.

L'angle de lumière saillant offert par la véranda agrandit la surface au sol au profit de la cuisine, qui s'y installe. Elle se contente de meubles bas, le plan incliné interdisant tout agencement en hauteur.

La véranda enveloppe l'angle de la maison et s'encadre d'une végétation abondante formant un écran protecteur contre les intempéries. Un store extérieur est prêt à se déployer pour protéger des ardeurs du soleil.

La véranda d'angle

Accrochée à l'angle de la maison, la véranda d'angle partage avec la véranda en épi une implantation très exposée qui la rend sensible aux variations de température et à la prise au vent. Si elle est parfois difficile à gérer thermiquement, elle offre cependant des possibilités d'agencements intérieurs particulièrement intéressantes.

Une porte intégrée à la véranda accentue le contact direct avec l'extérieur. Composée d'acier, la structure s'habille de vitrages de sécurité en verre feuilleté.

La véranda d'angle

Comme son nom l'indique, elle s'accole à un angle de la maison, sortant ou rentrant. Ces deux possibilités d'implantation ont des caractéristiques très différentes. La première est en effet très exposée et s'apparente à une véranda en épi. La seconde, protégée par la maison, est plus facile à gérer thermiquement. L'une et l'autre ont en revanche en commun un caractère architectural intéressant qui donne naissance à des agencements intérieurs souvent originaux.

Une exposition difficile à gérer

Lorsqu'elle s'accroche à l'angle sortant de la maison, la véranda s'expose de façon importante aux intempéries et s'apparente à une véranda dite en épi. Cette configuration est le plus fréquemment rencontrée dans le cas de vérandas rapportées à l'habitat après sa construction. La double orientation de la véranda d'angle externe est à la fois un atout et un inconvénient, car si elle lui offre un ensoleillement supérieur, elle implique également des déperditions nocturnes plus importantes. Dans le même esprit, l'ouverture à 180° qu'elle crée sur l'extérieur est associée à une exposition importante aux vents latéraux qui sont susceptibles de provoquer un refroidissement. Cette véranda doit donc être protégée le plus possible pour que son confort soit maintenu. Vitrages isolants, stores de protection, environnement végétal sont autant d'éléments importants capables de faire d'une telle véranda un lieu de vie particulièrement agréable car très ouvert sur l'extérieur.

Une protection efficace

Le cas de la véranda implantée dans un angle rentrant est très différent du précédent, car la maison lui offre une protection importante qui détermine son fonctionnement. Moins soumise aux intempéries, elle bénéficie néanmoins d'une exposition solaire satisfaisante qui dépend cependant de son orientation. Ses déperditions nocturnes sont réduites par rapport à la configuration précédente, et l'inertie thermique, ainsi augmentée, améliore d'autant son confort intérieur. Son implantation facilite son intégration à la maison, car elle lui offre une situation centrale au cœur de l'agencement. La séparation entre maison et véranda, parfois nécessaire, est particulièrement facile à réaliser soit en préservant les murs d'origine et leurs ouvertures, soit en recréant un système de fermeture mobile et coulissant.

Une séparation astucieuse, le galandage

L'inconvénient des systèmes coulissants est de ne pouvoir offrir une ouverture maximale puisque supposant toujours le maintien d'au moins une largeur de panneau. Le principe du galandage est une bonne solution pour faire totalement disparaître ces éléments séparatifs lorsque leur mise en place n'est pas nécessaire. Ce système consiste à créer, à environ 10 cm du mur, une double cloison (en plaques de plâtre ou en bois) qui ménage un espace dans lequel disparaissent les panneaux. L'ouverture est alors totale et les possibilités d'aménagement des murs préservées. Les panneaux coulissants n'ont aucune particularité spécifique et leur mise en place nécessite seulement une longueur de rail supérieure. Dans la majorité des cas, les panneaux, qui peuvent également être des baies vitrées, sont suspendus à un rail haut et seulement maintenus par un rail bas.

L'inertie du mur contre lequel la véranda s'adosse modère les excès de son fonctionnement thermique lié à son orientation.

Association originale pour ce toit qui se découvre en partie de ses tuiles anciennes pour laisser la place à des surfaces vitrées utilisant les chevrons de toiture comme structure de support. L'ensemble compose une véranda originale et bien intégrée.

Entièrement vitrée sur l'un de ses côtés, cette véranda améliore son confort thermique grâce à sa deuxième façade qui mêle baies vitrées et maçonnerie. La capacité d'inertie de cette dernière joue un rôle régulateur déterminant.

L'implantation judicieuse des baies coulissantes permet d'offrir une ouverture totale de l'angle de la maison. La présence d'un patio intérieur temporise les écarts thermiques importants.

La maçonnerie

Le style et l'esthétique des vérandas peuvent changer considérablement en fonction du choix du matériau de structure. Alors que l'aluminium, le bois ou l'acier ne donnent pas naissance aux mêmes réalisations, la maçonnerie joue le même rôle essentiel dans chacune d'elles. Elle concerne dans tous les cas les fondations et la dalle de sol, d'une part, et les murets de soubassement, d'autre part.

Les fondations, indispensables

Inutile d'envisager de se passer de fondations et de se poser sur une simple dalle. La véranda est une construction à part entière dont la stabilité dépend d'une base solide. Les fondations sont donc incontournables et doivent s'effectuer sur une profondeur de 50 cm en zone tempérée à 80 cm dans les régions froides, parfois davantage quand le terrain a fait l'objet d'un remblais récent. Leur rôle est de répartir la charge de l'ouvrage sur un terrain hétérogène. Dans le cas particulier de la couverture d'une terrasse existante, il est impératif de s'assurer que la dalle en place peut supporter un tel ouvrage.

L'isolation, incontournable

L'isolation est l'un des points importants de la réalisation de la dalle. Il existe deux façons de l'effectuer : en périphérie, additionnée ou non d'une isolation en sous-face. Si les habitants désirent tirer parti du fonctionnement thermique de la véranda, il est utile de renforcer la capacité d'inertie de son sol. L'isolation périphérique est alors la meilleure solution, car elle évite les déperditions

La majorité des vérandas repose sur des soubassements en maçonnerie qui les isolent du sol et les protègent des possibles infiltrations. Ils ont en outre l'avantage de faciliter leur intégration au bâtiment existant.

Réalisés en pierres de récupération, les murets de soubassement s'intègrent parfaitement à la maison d'origine. Leur caractère massif équilibre la finesse de la structure en acier.

La recherche d'une meilleure intégration à l'existant ou d'un meilleur comportement thermique conditionne parfois la création d'une structure mixte dans laquelle la maçonnerie joue un rôle important de régulateur.

latérales de la dalle tout en lui assurant une bonne inertie. Dans le cas d'un plancher chauffant, la question ne se pose même pas : l'isolation se fait aussi en sous-face, comme dans tous les cas où la véranda devient un lieu de vie permanent dans lequel son fonctionnement naturel est neutralisé par une isolation et un chauffage renforcés.

La dalle, isolante

Sa réalisation peut parfois intervenir en même temps que celle de la maison et permet alors de réfléchir à quelques détails de liaison entre le sol de la serre et celui du logement. L'absence de seuil entre les deux fait partie des détails importants qui facilitent l'intégration de la véranda au logement. La dalle peut être liaisonnée ou non avec les fondations du bâtiment, cette dernière permettant de réaliser un joint qui est toujours souhaitable entre la véranda et la maison.

Les murets de soubassement, pratiques

Ils sont conçus pour supporter la structure et présentent un certain nombre d'avantages. Réalisés dans le même matériau que celui composant les murs de la maison, ils facilitent l'intégration de la véranda à l'existant. Éloignant les baies vitrées du sol, ils les épargnent des éclaboussures diverses, simplifiant ainsi leur entretien. Leur hauteur variant entre 30 et 60 cm, ils ne compromettent pas l'ensoleillement et simplifient l'aménagement intérieur en offrant leur rebord comme support à de multiples objets. Isolés de préférence, ils contribuent à supprimer les ponts thermiques en affleurement de dalle et permettent de résoudre certains points d'étanchéité sensibles à ce niveau.

Mise à niveau avec le rez-de-chaussée, la véranda offre un fonctionnement cohérent, et bénéficie d'une meilleure isolation et d'une protection supérieure aux intempéries.

Les cuisines et les salles de bains

Esprit japonisant pour cette cuisine épurée qui s'installe sous le pan incliné de la verrière. Pas de meubles hauts, mais une vue sans limite sur l'extérieur.

La luminosité généreuse des vérandas en fait un lieu de vie privilégié pour deux usages très différents, l'un porté vers la convivialité : la cuisine, l'autre vers l'intimité : la salle de bains, mais dont la maîtrise de l'humidité ambiante est une préoccupation commune.

La cuisine, lieu de convivialité

Il est passé le temps où la cuisine se cantonnait à un rôle purement fonctionnel et utilitaire. Aujourd'hui, elle devient un lieu de vie à part entière et, dans la mesure où sa surface l'autorise, elle se transforme en un espace convivial et chaleureux où l'ensemble de la famille se retrouve. Spacieuse et baignée de lumière, elle devient un lieu de réception informel, réservé aux amis et aux proches. Tous les styles lui conviennent, à condition de correspondre à celui de la véranda dans laquelle elle s'installe. Évitez par exemple la cuisine laboratoire très moderne dans une véranda victorienne… L'ameublement d'une cuisine implantée dans une véranda doit s'adapter, quel que soit son style, à la présence des baies vitrées, car celles-ci contrarient la mise en place de meubles hauts. L'agencement est donc essentiellement bas.

La salle de bains, l'intimité respectée

Profiter de la vue de son jardin, été comme hiver, installé dans un bain chaud est l'un des plaisirs offerts par la salle de bains véranda. Ce plaisir-là suppose bien entendu que le jardin soit à l'abri du regard des voisins car il s'agit de rester chez soi malgré tout. Lieu intime par définition, la salle de bains surprend et gagne en personnalité lorsqu'elle s'ouvre sur l'extérieur. Son ambiance humide est favorable au développement des plantes d'intérieur à condition qu'elles aient de la lumière… ce dont elles ne manquent pas grâce à la véranda ! La nature s'épanouit ainsi de part et d'autre de baies vitrées, faisant oublier la séparation qu'elles représentent. Plus que jamais, l'isolation doit être efficace et le chauffage à la hauteur. On est rarement chaudement vêtu dans une salle de bains…

Un souci commun : l'humidité ambiante

La cuisine et la salle de bains sont de grandes productrices d'humidité ce qui, dans le contexte de la véranda, devient un désavantage majeur susceptible d'accentuer le phénomène de condensation sur les vitrages. Chacun a constaté un jour l'effet provoqué par une douche chaude ou de l'eau qui bout : la vapeur d'eau se dépose partout et en particulier sur les vitres sous forme de buée. Ce phénomène est fortement accentué par l'importance des surfaces vitrées de la véranda et de leur capacité à produire un effet de paroi froide. Ces productions de vapeur étant liées à un usage quotidien et utilitaire des pièces, il paraît difficile de les réduire de façon déterminante. Le confort ambiant repose donc sur l'efficacité de leur élimination, d'une part, et sur la réduction du phénomène de paroi froide, d'autre part. La réduction de ce dernier s'obtient à condition d'isoler les baies vitrées de façon satisfaisante. Les doubles vitrages sont impératifs et s'enrichissent volontiers de verres à isolation renforcée, de même que la structure s'équipe de rupture de pont thermique si elle est en aluminium. Stores et rideaux isolants sont les bienvenus. Le renouvellement d'air est plus que jamais indispensable. Il s'effectue par convection naturelle grâce à des bouches basses (pour l'entrée d'air) et hautes (pour sa sortie), ou renforce son efficacité par la mise en place d'une VMC (ventilation mécanique contrôlée). Le chauffage a aussi son rôle à jouer car, mis à part le confort ambiant qu'il apporte, il contribue également à la réduction de l'effet de paroi froide.

Implantée dans une petite véranda spécialement conçue, la baignoire double de la salle de bains se niche entre les parois de verre comme au cœur d'une alcôve de verdure.

Les cuisines et les salles de bains

Sous son toit de verre, cette salle de bains bénéficie d'une lumière généreuse sans craindre le vis-à-vis des voisins. Un volet roulant extérieur à commande électrique la protège des ardeurs du soleil et évite ainsi les surchauffes possibles.

Perspective divine que de prendre son bain avec le spectacle du jardin à portée des yeux. L'effet du dessin sophistiqué de la façade, destiné à évoquer les facettes d'une pierre précieuse, est accentué par l'encadrement biseauté de chacune des vitres.

Résolument high-tech, avec son mariage de blanc et d'acier, cette cuisine s'épanouit dans une véranda entièrement vitrée. La proximité d'un grand arbre modère les surchauffes d'été.

FOURNEAUX
morice
FRANCE

PRATIQUE

L'usage de la véranda

Grâce à sa double exposition est-ouest, cette véranda bénéficie à la fois du soleil matinal et du soleil couchant. La salle à manger qu'elle abrite devient ainsi un lieu de séjour particulièrement agréable.

Réalisée en acier, cette véranda ancienne se contente de simples vitrages qui compromettent son confort dès que la température extérieure baisse.

Vitrée jusqu'au sol, la façade offre un spectacle total du jardin et élimine en partie la notion de séparation entre l'intérieur et l'extérieur.

Réalisée pour relier la maison d'origine avec son extension, cette verrière sacralise l'articulation qu'elle représente en offrant une lumière abondante et pure.

Le choix d'une véranda n'est pas assimilable à celui de n'importe quelle construction. Son fonctionnement spécifique et son architecture caractéristique influent sur le vécu de ses habitants. Perçue comme un espace protecteur, la véranda introduit plus de décontraction dans les comportements et illustre un art de vivre différent, dans lequel la convivialité prend une place importante.

Un rôle protecteur

La notion de protection est indissociable de l'idée de véranda. Elle prend différents aspects, tous liés à la vie familiale, domestique ou sociale. Thermiquement, elle isole la maison du froid et des intempéries en définissant un espace tampon, un sas entre le dedans et le dehors. Sur le plan pratique, elle joue pleinement son rôle de sas entre l'intérieur et l'extérieur en interceptant les chaussures sales et les bottes crottées venant du jardin, ou en offrant un lieu de séjour aux plantes rentrées pour l'hiver. Elle renforce la privatisation quand elle devient espace d'entrée, développant la notion de sas, caractéristique de l'habitat contemporain urbain.

Un nouvel art de vivre

Paradoxalement, il apparaît que la majorité des vérandas n'est pas créée pour ouvrir la maison sur le monde extérieur mais au contraire pour la privatiser davantage. Elle devient rapidement le lieu d'un nouvel art de vivre dans lequel les valeurs du loisir et de la détente prennent plus d'importance. La décontraction introduite par un assouplissement des normes sociales s'épanouit pleinement dans ce cadre, et s'illustre par la valorisation de la vie familiale. La relation privilégiée avec la nature la chaleur qui accompagne le moindre rayon de soleil évoquent l'ambiance des vacances et renforcent la rupture avec la vie quotidienne vécue « dans la maison ». La décontraction est sans aucun doute ce qui qualifie le plus justement les activités exercées dans la véranda et elle se ressent jusque dans les tenues vestimentaires. Entre les obligations domestiques, le stress du travail, l'exigence de la vie familiale, la véranda est le lieu privilégié où « recharger ses batteries ». A cheval entre l'intérieur et l'extérieur, elle échappe aux contraintes de l'un et de l'autre et offre un lieu de vacances au sens propre du mot, un lieu où la principale activité consiste bien souvent à ne rien faire puisque aucune activité n'y est particulièrement rattachée.

Une convivialité différente

La véranda est fréquemment utilisée pour y prendre les repas familiaux, à condition bien sûr que les conditions de confort soient remplies (bonne isolation, chauffage, élimination des phénomènes de paroi froide…). Elle devient aussi très souvent une espace de réception à part entière où l'on reçoit volontiers pour l'apéritif, le café ou un repas. On remarque que les convives sont en général des proches, voire des intimes. La décontraction présente dans le vécu de la véranda l'est aussi dans les pratiques de réception. Moins formelles et plus permissives, elles laissent la place à une convivialité moins cérémonieuse. On remarque que ce nouveau lieu de réception n'entraîne pas la disparition des lieux de réception traditionnels, toujours réservés aux réceptions « officielles », même si celles-ci se font de plus en plus rares. En fait, la véranda met l'accent sur un désir de hiérarchisation des espaces de réception en fonction du statut des invités.

TECHNIQUE

La sécurité

Entièrement vitrée et sans protection apparente, cette façade ne peut se passer de vitrages feuilletés retardateurs d'effraction. La liaison avec la maison étant totale, la pose d'une alarme sera probablement recommandée par l'assureur.

La mise en place d'un cloisonnement coulissant entre la verrière et le logement peut être considéré comme un élément de sécurité dans la mesure où les vitrages sont anti-effraction et les serrures renforcées.

Bien que les vérandas offrent de grandes surfaces de verre, c'est par la porte que rentre la majorité des cambrioleurs. Ces derniers préfèrent éviter le bruit provoqué par le bris d'une baie vitrée. Les serrures restent donc essentielles.

La sécurité des vérandas concerne à la fois la protection des personnes et celle des biens. En effet, l'omniprésence du verre pose le problème de l'éventuel bris de glace, accidentel ou délibéré, avec les risques qu'il engendre pour les personnes. D'autre part, la véranda devenant de plus en plus un lieu d'habitation à part entière, elle pose le problème de la protection des biens qu'elle contient, voire même ceux de la maison attenante.

Le verre, élément de sécurité

Il existe trois types de verre dits de sécurité, dont les caractéristiques et les qualités spécifiques en font des matériaux adaptés à des situations bien définies. Le verre armé est l'un des plus ancien. Tombé en désuétude, il réapparaît dans les projets des architectes. C'est un verre coulé, translucide, clair ou teinté, dans lequel est incorporé un treillis métallique à mailles carrées. En cas de bris, ce treillis maintient les morceaux de verre en place. Toujours en simple vitrage, il s'utilise pour des toitures de véranda dont l'usage est saisonnier.

Le verre trempé, appelé aussi verre Securit®, est un verre classique ayant subi un traitement thermique de renforcement. Sa résistance est jusqu'à cinq fois supérieure à celle d'une vitre ordinaire de même épaisseur. En cas de bris, le verre trempé se fragmente en une multitude de petits morceaux non coupants caractéristiques, présentant un avantage indiscutable contre les risques de blessure. Il est par contre sans intérêt contre les risques d'effraction.

Le verre feuilleté est le verre de sécurité par excellence car il garantit à la fois la

La verrière occupe toute la largeur du toit et s'étire sur trois mètres. Un vitrage isolant et anti-effraction garantit à la fois la protection des biens et des personnes.

Le maintien de la façade d'origine avec ses ouvertures, et surtout ses fermetures, constitue un moyen efficace pour préserver la sécurité de la maison des effractions. Cette solution ne facilite cependant pas l'intégration de la véranda à la maison.

Intégrés dès la conception de la véranda, les volets roulants offrent à la fois une protection vis-à-vis de l'effraction et une barrière efficace contre les déperditions dès la nuit tombée.

Verre trempé

Verre feuilleté

Verre armé

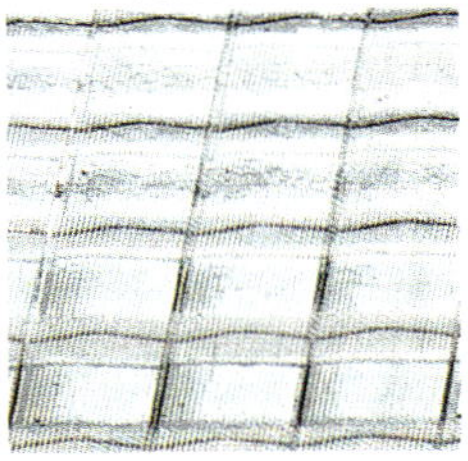

sécurité des personnes et les risques d'effraction et de vandalisme. Il est composé de deux glaces et d'un film PVB qui en assure l'assemblage et le maintien en place en cas de bris. Sa spécificité s'exprime sous la forme XX.Y, les X indiquant l'épaisseur de chaque vitrage et le Y le nombre de films PVB inclus. Ainsi, un vitrage feuilleté 44.1 est composé de deux vitres de 4 mm d'épaisseur et d'un film PVB. La réglementation en vigueur concernant la chute d'objets et de personnes impose que le verre retienne le corps ayant provoqué la casse, il est donc obligatoirement feuilleté. Intégré dans un double vitrage, le verre feuilleté se place vers l'intérieur afin de retenir les bris éventuels de la vitre externe.

Le contrat d'assurance, à affiner

Dès qu'elle devient un lieu habitable, la véranda doit faire l'objet d'une sérieuse étude concernant sa protection contre le vol. En effet, les contrats d'assurance classiques ne couvrent pas son contenu, et encore moins le contenu de la maison si elle est directement accessible. De plus le bris de glace n'est généralement pas pris en compte car les contrats classiques limitent le plus souvent la surface des bris de glace à celle d'une porte-fenêtre. Il est donc essentiel de prendre contact avec son assureur dès que le projet est lancé pour en connaître les implications. En général, un assureur demandera selon les cas la mise en place de verres de sécurité retardateurs d'effraction (verre feuilleté), de volets roulants sur les façades de la véranda ou entre celle-ci et la maison, des serrures A2P (label officiel), voire une alarme. Dans certains cas, une séparation entre la véranda et la maison peut être demandée.

CRÉDITS PHOTOGRAPHIQUES

Nous adressons nos remerciements à tous les fabricants et distributeurs, aux architectes et aux créateurs, et toutes les personnes grâce auxquels nous avons pu illustrer cet ouvrage.

H : haut / **B** : bas / **G** : gauche/ **D** : droite / **M** : milieu

Couverture : photo Charly Erwin / création Lucien Longueville

1 photo Patrick Smith/ architecte d'intérieur Jean-Marc Vynckier

2 photo Philippe Louzon /architecte Marcel Barcilon

5 photo Yves Robic

6 photo Olivier Hallot/ création Philippe Sekely

7 photo Christian Larit / architecte Marc Held

8 photo Christian Larit / architecte Jean Massip

10/11 photos Charly Erwin / création Lucien Longueville

12 photos Yves Robic / architecte mpdp

13 H création Vérambelles ; **BG** photo Charly Erwin/ création Lucien Longueville ; **BD** création Vérambelles

14 G création Lucien Longueville ; **D** photo Christian Larit

15 G création Lucien Longueville ; **D** Schüco, photo Georges Carillo

16 H photo Yves Robic/ architecte Eric Colibert ; **B** Scintelle

17 photo Philippe Louzon/ création Lucien Longueville

18 les deux créations Lucien Longueville

19 H photo H. Dhelemmes ; **B** photo Yves Robic

20 HG création Lucien Longueville ; **HD** photo Philippe Louzon/ architecte Alain Lebon ; **B** photos Philippe Louzon/ architectes Philippe Lair et J-P Roynette

21 Technal

22 G Alphacan ; **D** photo Philippe Louzon

23 G création Lucien Longueville ; **D** photos Yves Robic/ architectes Drôle de trame

24/25 photo Gilles Trillard/ architecte Didier Champel/ tableaux Alain Campas

26 G photo Patrick Smith/ architecte Raphaël Renard ; **D** photo Philippe Louzon/ architecte Alain Lebon

27 H photo Gilles Trillard ; **B** photo Yves Robic/ architecte Nicole Autheman

28 G photo Daniel Faure ; **D** photo Franck Bel

29 G photo Philippe Louzon ; **D** photo Patrice Binet/ architecte Rudy Ricciotti

30 H photo Philippe Louzon/ Le cèdre rouge ; **B** photo Yves Robic/ architecte Jacques Bibas

31 photo julien Clapot/ architecte Alban Tollu

32 photo Daniel Faure

33 H photo Olivier Hallot ; **B** photo Antonio Duarte

34 H création Vérambelles ; **B** photo Antonio Duarte

35 photo Philippe Dupuis/ architecte Thierry Mostini

36 G photo Yves Robic ; **D** création Lucien Longueville

37 G photo Yves Robic/ architecte J-Y Lossi ; **D** création Vérambelles

38/39 photos Charly Erwin/ création Serres et Ferronnerie d'antan

40 G création Lucien Longueville ; **D** photo Philippe Louzon/ architecte Philippe Colibert

41 H photo Daniel Faure/ architecte Thierry Menut ; **B** photo Daniel Faure

42 G photo Yves Robic ; **D** création Lucien Longueville

43 photo Patrick Smith

44 photo Philippe Louzon

45 H photo Olivier Perrot/ création Serres et Ferronnerie d'antan ; **B** création Lucien Longueville

46 G création Lucien Longueville ; **D** création Vérambelles ; **B** création Vérambelles

47 photo Charly Erwin/ création François Ligori

48 G photo Olivier Hallot/ architecte d'intérieur Armand Negroni ; **D** et **B** photo Antonio Duarte ;

49 création Lucien Longueville

50 G photo Christophe Raynaud de Lage/ architecte Jérôme Beytout ; **D** photo Olivier Hallot/ création Lucien Longueville

51 G création Lucien Longueville ; photo Christian Larit/ architecte Yves Célaire

52/53 photos Gilles Trillard/ architecte Alain Salomon

54 photo Christophe Raynaud de Lage/ architecte Nathan Celnik

55 H photos Philippe Louzon/ architecte Jérôme Béraud ; **B** photo Deidi von Schaewen

56 G photo Christian Larit/ architecte Jean Massip ; **D** Technal

57 G photo Yves Robic/ architecte Eric Colibert ; **D** Schüco, photo Georges Carillo

58 photo Gilles Trillard

59 photo Christian Larit/ architecte Marc Held

60 G photo Yves Robic ; **D** photo Yves Robic/ architecte mpdp ; **B** photo Philippe Louzon/ architecte François Blanchard

61 photo Yves Robic/ architectes Virginie Pauchet et Nathalie Dhenin

62 H et **BG** photos Gilles Trillard/ architecte Jacques-Emile Lecaron ; **BD** photo Christian Larit/ création Lucien Longueville

63 photo Patrice Binet

64 G photo Yves Robic/ architectes Virginie Pauchet et Nathalie Dhenin ; **D** photo Olivier Perrot

65 G photo Charly Erwin/ création Serres et Ferronnerie d'antan ; **D** création Vérambelles

66/67 photos Christophe Raynaud de Lage/ architecte H. Baley

68 H photo Christian Larit/ création agence Chauvin-Morisse ; **B** photo Guérin

69 H photo Christophe Raynaud de Lage/ architecte Jérôme Beytout ; **B** photo Yves Robic/ architecte Joseph Colzani

70 G photo Philippe Louzon/ architecte François Blanchard ; **D** création Vérambelles

71 G photo Daniel Faure/ architecte Dominique Hallier ; **D** créations Vérambelles

72 Franciaflex

73 photo Olivier Hallot/ création Lucien Longueville

74 H photo J-P Amet/ architecte Francis Machin ; **B** création Lucien Longueville

75 photo Yves Robic

76 HG photo Yves Robic ; **HD** photo Daniel Faure/ architecte Dominique Hallier ; **B** photo Yves Robic/ architecte Yves Célaire

77 photo Yves Robic/ architectes Drôle de trame

78 photo Patrice Binet/ architecte Rudy Ricciotti

79 HG photo Olivier Hallot/ architecte d'intérieur Armand Negroni ; **BG** photo Christian Larit ; **D** création Vérandaliste industriest

80/81 photos Philippe Louzon/ architecte Jean Le Cloarec

82 photo Christophe Raynaud de Lage

83 HG photo Yves Robic ; **HD** Technal ; **B** photo Antonio Duarte/ architecte P. Kopff

84 G photo Olivier Perrot ; **HD** photo Christian Larit/ architecte Yves Célaire ; **BD** Scintelle

85 création Lucien Longueville

86 photo Charly Erwin/ architecte Sonia Cortesse

87 photos Patrice Binet/ architecte d'intérieur Gilles Paloud/ véranda Technal

88 H photo Christian Larit/ architectes Chauvin-Morisse ; **B** photo Philippe Louzon/ architectes BCDE

89 photo Patrick Smith/ décorateur Rémi Tessier

90 HG photo Christian Larit ; **HD** photo Christophe Rouffio ; **B** photo Charly Erwin

91 photo Philippe Louzon/ architecte Claude Thévenot

92 G photo Charly Erwin ; **D** photo Yves Robic/ architecte François Thoulouze

93 G photo Yves Robic/ architecte François Thoulouze ; **HD** photo Charly Erwin ; **BD** Schüco, photo Georges Carillo

95 Création Vérambelles

96 photo Christophe Rouffio

4ème couverture : photo Yves Robic/ création Vérambelles

16/18, rue de l'Amiral-Mouchez – 75686 Paris Cedex 14.
Tél. 01 45 65 48 48.

Conception graphique : Tristan Duhamel
Gravure : RVB Éditions
Imprimé en France par IME - Baumes-les-Dames (25)

ISBN : 2-7072-0451-X